山东省社会科学规划研究项目文丛·一般项目（11CWZJ30）

U0656085

大学英语
教学新模式背景下的情感教学研究

秦磊　著

中国海洋大学出版社

·青岛·

图书在版编目（CIP）数据

大学英语教学新模式背景下的情感教学研究／秦磊著. 一青岛：中国海洋大学出版社，2021.9
ISBN 978-7-5670-2574-5

Ⅰ.①大… Ⅱ.①秦… Ⅲ.①英语—教学研究—高等学校 Ⅳ.①H319.3

中国版本图书馆CIP数据核字（2021）第185998号

出版发行	中国海洋大学出版社		
社　　址	青岛市香港东路23号	邮政编码	266071
网　　址	http://pub.ouc.edu.cn		
出 版 人	杨立敏		
责任编辑	由元春	电　　话	15092283771
电子信箱	94260876@qq.com		
印　　制	青岛国彩印刷股份有限公司		
版　　次	2021年9月第1版		
印　　次	2021年9月第1次印刷		
成品尺寸	145 mm×210 mm		
印　　张	5		
字　　数	115千		
印　　数	1～1000		
定　　价	29.90元		
订购电话	0532-82032573（传真）		

发现印装质量问题，请致电0532-58700166，由印刷厂负责调换。

前言
FOREWORD

随着网络科学技术以及教学理念的不断发展，大学英语教学已进入"互联网+"时代背景下的大学英语教学新模式发展阶段。各种在线课程、英语学习App得到广泛使用；翻转课堂、微课、慕课、移动学习、线上线下的教学互动等成为大学英语教育界的热点词汇。2020年的新型冠状病毒肺炎疫情，迫使教师全面利用各种网络平台授课，使网络在线教学成为网络科学技术发展的一次集中体现。

但在大学英语课堂教学实践中，很多学生迫于教师考勤的压力，即便出勤也会选择课堂隐性逃课，课堂气氛沉闷，情感过滤现象比较严重。从表面上看学生似乎对英语学习的动机不强，但学生在课堂上学习其他英语资料、参加英语课外辅导、利用网络资源学习的兴致却很高，沉闷消极的大学英语课堂与很多学生积极的英语学习热情、火热的培训市场形成了鲜明的对比。大学英语课堂教学到底出了什么问题？大学英语教学的出路在何方？通过文献研究、问卷调查、课堂观察以及访谈发现，学生肯定当下多媒体辅助大学英语教学新模式的情况，但在实际的教学环境下，教师忽视了情感教学的重要性，没有调动起学生的课堂积极性，导致学生的课堂隐性逃课现象严重。基于研究，笔者提出了相应的解决办法和思考建议，并结合实例给出了可行办法。

本书的主要内容包括五个部分：

第一部分是导论，阐述了大学英语教学新模式背景下的情感教学研究背景，介绍了中国大学英语教学面临的挑战和机遇，以及本书研究的目的、意义和创新之处。

第二部分是文献综述，全面回顾了有关情感教学的相关理论，包括人本主义理论、情感过滤假说、成就动机理论、归因理论、自我效能感理论、情感教学心理学理论和鲁姆的情感教学目标理论，探讨了国内大学英语情感教学的历史发展和目前的研究方向，以及大学英语教学新模式与情感教学的关系。

第三部分是关于新时代的情感教学的理论延伸，从情感的意义与本质、新时代的人文关怀、情感在多媒体中的中介作用方面展开论述。

第四部分是研究设计和方法，包括研究问题、调查对象、问卷调查和统计分析。

第五部分是问卷统计分析和访谈结果，并对描述性分析结果、因子分析结果和大学英语教学问题对不同群体学生影响的差异进行比较。通过调查、访谈，借鉴语言教学理论、教育学和心理学等理论，运用SPSS软件，通过因子分析、独立样本T检验等方法，探讨在大学英语课堂教学过程中，大学英语学生情感过滤行为的英语教师归因因素有哪些；大学英语教师归因因素对一、二年级学生的情感过滤是否有不同影响，如果有，有哪些不同影响，以及情感教学理念和教学行为脱节问题。

第六部分探讨的是大学英语情感教学存在的主要问题，包括教学内容忽略中国文化、教学内容缺乏新意、大学英语课堂教学缺乏师生交流、缺乏激发学生情感的能力、课堂缺乏有效教学管理、大学英语考核形式和内容存在的问题、教学理念和教学行为的脱节问题，以及这些问题存在的原因。

第七部分探讨的是如何在教学新模式背景下进行大学英语情感教学及构建大学英语情感教学理论，主要通过以下几点展开论述：① 创新大学英语教学理念和教学模式。② 教学内容优化及情感化处理。③ 创新教学方法。④ 融合视角下的情感教学创新渠道与方法。⑤ "互联网+"碎片化时代的教师情感关怀。⑥ 移动学习中的教师情感干预与激励。⑦ 大学英语课程思政育人的情感融入。⑧ 课堂治理与现代课堂文化的形成。

最后部分是结束语，除了对主要研究结果的总结外，还反思了研究的局限性，并对未来的研究进行了展望。

目 录
CONTENTS

1

导 论

1.1 研究背景

教育事业关系到国家人才培养的重大使命，在现今时代背景下的教育改革就显得格外重要。

1.1.1 信息技术和教育理念的发展迫切需要大学英语情感教学

大学英语课程是非英语专业本科学生的公共必修课，是高等教育必不可少的重要组成部分。进入21世纪以来，随着网络科学技术以及教学理念的不断发展，网络多媒体技术在大学英语教学中得到普遍应用，在"互联网+"时代背景下，基于网络多媒体技术的大学英语教学新模式为大学英语教学注入了新鲜活力，大学英语教育事业迎来了前所未有的发展机遇和挑战。时代和科技的发展要求大学英语教师不仅应该深刻反思过去教学存在的问题，更重要的是分析大学英语教学的现状和原因，以便更好地利用时代发展带来的学习机会和条件，积极推进网络环境下教学模式的创新和教学方法的改革，探索创建具有中国特色的大学英语教学理论和方法。只有这样，才能真正理解和实施"百年未有之大变局"带来的"互联网+"时代大学英语教学新模式。

大学英语教学一直处于从传统模式向教育信息化新模式不断转型提升的过程，多媒体辅助技术丰富了大学英语课堂教学中学生与学生、学生与教师的互动交流，这样多元互动教学模式，改变了原来枯燥单一的教学模式，使课堂教学变得生动有趣，课堂气氛和谐融洽变得更加可能。尤其近几年在"互联网+"的大时代背景下，大学英语教学呈现出众多的新生态现象，各种在线课程、英语学习App的广泛应用，翻转课堂、微课、慕课、移动学习、线上线下的教学互动等成为大学英语教育界的热点词汇。2020年的新型冠状病毒肺炎疫情，迫使教师全面利用各种网络平台授课。网络在线教学是网络科学技术发展的一次集中体现，是特殊时期英语教学的有益支撑和补充，也为大学英语教学提供了新的发展思路和途径。究其根本，在不断发展的网络信息时代，充分运用现代教育技术，大学英语教学模式会呈现出一种开放的、不断适应社会的、科技发展的状态，其目的就是能够更好地提升教学质量，帮助学生提高学习成效。

时代发展和科技的进步使英语学习的途径和资源越来越丰

富有趣，伴随着不断进行的大学英语课堂教学改革，大学英语课堂外的英语学习吸引着越来越多的学生。在大学英语课堂教学中，学生显性逃课意向强烈，即使迫于教师考勤的压力，出勤的学生很多在大学英语课堂上选择隐性逃课，情感过滤现象比较严重，课堂气氛沉闷。从表面上看学生英语学习的动机似乎不强，但学生在课堂上学习其他英语资料、参加英语课外辅导、利用网络资源学习英语的兴致却很高，沉闷消极的大学英语课堂与很多学生积极的英语学习热情、与火热的培训市场形成了鲜明的对比。大学英语课堂教学到底出了什么问题？大学英语教学的出路在何方？

1.1.2 新模式背景下的大学英语课堂更需要情感教学

通过相关调查、访谈发现，许多学生把自己课堂英语学习兴趣不高，从而出现显性、隐性逃课行为归因于教师的课堂教学效果不理想，教师的授课在教学方法尤其是教学内容方面，很多时候无法激起学生的学习兴趣。尤其在目前的"互联网+"时代，英语学习的途径很多，各种网络资源、英语学习软件都会吸引学生的注意力，这进一步提高了学生对大学英语课堂授课质量的要求。基于计算机和课堂的大学英语教学新模式为大学英语教学带来了很好的发展契机，同时也让大学英语教师面临巨大的挑战。与传统的书本＋粉笔式的教学模式相比较，大学英语教学新模式对教师提出了更高的要求，不仅要掌握计算机技术，更重要的是要深刻了解现代化教育的本质。

情感教学，就是教师在教学过程中，在充分考虑认知因素的同时，充分发挥情感因素的积极作用，以完善教学目标、增强教学效果的教学（卢家楣，2006）。英语教师个体本身所具有的特性能够在很大程度上反映出学生的英语学习情感状态，由于受传统的儒家文化和以教师为中心的教育模式的影响，我国学生尤其是大学之前阶段的学习习惯于依赖教师，愿意被教师领着走，这样教师与学生间的情感互动就变得更加重要。认知需要和情感需要均属于学习者的内在需要，教师要去主动体察、开发、启动（王初名，2001）。对传统大学英语教学模式的改革，可以通过情感性教学改善师生关系，以丰富多样的课堂组织形式激发学生学习兴趣，减轻教师教学负担和压力，优化课堂授课环境（李莹，2018）。在"互联网+"时代背景下以学生为中心，实施大学英语情感教学，迎合学生的情感需求，与学生在心理上共鸣，才能把积极情感因素渗透到多媒体辅助教学模式中。

火热的英语学习热潮与清冷的大学英语课堂形成了鲜明对比，大学情感教学必须提上日程。情感绝不是心理活动的副现象，对实践活动，尤其是认知活动，具有直接的影响，它在大学生课堂活动中是一个不可忽视的教学变量（卢家楣，1986）。国内外学者对情感教学的重要性、作用、价值和原则研究较多，国内大学英语界也很重视情感因素的重要性，但基本没有学者对大学英语情感教学进行系统的研究，尤其是在多媒体辅助教学新模式背景下，克服人与机器的无情感状态，教师与学生间的情感互动变得就更加重要，很有必要进行新模式下的情感教学研究。

1.2 研究目的

只有实施大学英语情感教学，把积极情感因素渗透到多媒体辅助教学模式中，激发学生课堂学习热情，才能充分发挥现代教育技术对英语学习的促进作用。大学英语教学新模式背景下情感教学的现状如何？如何实施"互联网+"时代大学英语教学背景下的情感教学？教师影响学生学习兴趣的因素有哪些？不同年级阶段的学生对教师的要求有什么不同？这些都是本书迫切想要解决的问题。本书旨在通过揭示大学英语教学新模式背景下情感教学的现状和的问题，提出详细的解决方案，以促进发展"互联网+"时代背景下的大学英语教学。

1.3 研究意义

本研究既具有很强的理论意义，也具有很强的应用价值。理论上，本书对有关情感影响语言学习的理论进行了系统的整理、优化、完善和发展；构建了"情感过滤假说"在中国的"互联网+"时代大学英语教学背景下的大学英语情感教学新理论。从应用价值角度上看，进行这一研究，可以为多媒体环

境下的大学英语教学新模式建立情感教学选择系统，利于大
学英语教学界借鉴和参考，为发展语言教学理论提供一定的启
示；同时为教育管理部门提供参考，以便进行对大学英语教学
的科学决策。

1.4 研究思路

本书的研究思路是"实践—理论—实践"，即首先通过教
学实践、访谈等活动，找出多媒体大学英语教学中影响学生情
感过滤的教师因素，分析这些因素之间的关系，探讨各种因素
在具体什么情况下起什么作用。然后，对有关情感影响语言学
习的理论进行系统的整理，从中抽取有关教师影响学生情感过
滤的论述和实际分析，进行分类、总结，整理出一个多媒体大
学英语情感教学理论。最后，把这个理论应用到教学实践中，
探讨如何根据不同的教学任务来实施情感教学，取得最有效的
课堂效果。

1.5 创新之处

把"情感过滤假说"理论与中国大学英语教学实际相结合，在理论分析和实证研究的基础上，构建适合中国国情的多媒体辅助背景下的大学英语情感教学理论。这不仅是对"情感过滤假说"的发展，更是为多媒体辅助背景下的大学英语教学实践提供理论支撑。

2

国内外相关研究概述

2.1 情感教学的相关理论和研究

2.1.1 人本主义

人本主义心理学是兴起于20世纪五六十年代的美国，主要代表人物是美国社会心理学家马斯洛（Abraham Harold Maslow，1908—1970）和美国心理学家罗杰斯（Carl Ransom Rogers，1902—1987）。人本主义学习观与教学观深刻地影响了世界范围内的教育改革，强调教育与教学过程要关注学生情感、态度和价值观，促进学生个性发展，发挥学生潜能，培养学生的学习积极性和主动性；教师要为学生学习提供必要的手段和条件，即教师要营造一种自由、民主、和谐、融洽的充满关爱和真诚的学习氛围，促进学生个体的自由成长（莫雷，2007）。

1）马斯洛的需要层次理论

人本主义心理学家马斯洛是人本主义学习动机理论的典型代表，通过对人类的行为动机进行分类和排序，进一步解释人类的特定行为和产生该行为的动机。马斯洛指出，人的多种需要按照性质由低到高的层次可以分为五类：生理需要、安全需要、归属与爱需要、尊重需要和自我实现的需要。位于需要层次底端的四种需要统称缺失需要，是人的基本需要，直接关系着个体的生存；位于需要层次最顶端的自我实现的需要是人的成长需要（Maslow，1968）。马斯洛认为五种需要是最基本的、与生俱来的，构成不同的等级或水平，并成为激励和指引个体行为的力量；需要层次越低，力量越大，潜力越大。随着需要层次的上升，需要的力量相应减弱；高级需要出现之前，必须先满足低级需要，但是并不绝对，在人的高级需要产生以前，低级需要只要部分满足就可以了。

20世纪70年代，后来研究者对马斯洛的思想进行了完善和补充，提出人的七层需要理论：生理需要、安全需要、归属与爱需要、尊重需要、求知的需要、审美的需要和自我实现的需要。前四种为人的基本需要，后三种为人的成长需要。这七层需要依然是有高低之分和先后顺序的，只有低一层的需要满足后才能出现高一层的需要。在大学英语教学中，学生的生理与安全需要由学校管理实现，一般没问题；学生的归属与爱和尊重需要得由教师努力去实现。只有这四层基本需求满足后，学生需要才能层层递进，进而产生更高层次的求知需要、审美需要和自我实现的需要。

值得注意的是，第三层的归属与爱需要和第四层的尊重需要处于学生从基本需要向成长需要质的飞跃的关键位置，这两层需要就是学生情感方面的需要，只有满足了这两个层次的需要，学生才能向更高层次的求知的需要前进。由此可见，大学英语教学若想取得高质量的教学效果，必须要满足学生的情感需要。

情感需要也是大学英语学生所渴望、所容易缺少的需要。大学英语课程开设在大一、大二学年，尤其是大一学生，大多在外地求学，从高中时期父母、老师高度关注的生活学习中进入独立的大学生活，会出现不同程度的不适应，他们孤单，对大学学习、前途等有迷惑，渴望有人指点，渴望被理解、渴望被激励。一方面，在取得进步时，希望老师能从师者、长辈、朋友的角度给予自己认可和夸赞。另一方面，在遇到挫折、失落无助时，希望有生活阅历丰富的老师来激励自己，答疑解惑，传授生活的智慧和温暖的激励。教师的作用举足轻重，或者激发他们获取更大的进步，抑或抚平他们的伤痛，抑或启迪他们的生活和学习之路，抑或进一步挖掘他们的潜能（张玮，2020）。

大学英语与高中时期的英语学习和考核具有很大的不同，大学英语强调学生对英语的听说读写译能力的综合运用，很多学生在高中时期从没说过英语，可以说口语能力基本为零，所以进入大学后，对于自己的英语能力有很大的怀疑，很多学生缺乏自信，容易产生焦虑、悲观情绪。这个时候就需要教师对学生的情感反应积极疏导，鼓励学生树立信心，及时走出情感低谷。在教学过程中，老师应尊重学生的个体差异和个性化需求，为学生创造英语学习的"心理安全感"，运用情感激励手段，调动学习者的学习动机，提升学习自信心，减轻学习焦虑，挖掘学习潜能，激发和满足学生的高层次需求，从而提升学生的英语综合运用能力和文化素养。所以说，抓住大学英语学习的关键时刻，满足学生的需要，是激发学生学习情感的关键一环，更是对学生的未来发展就有深远的意义。

基于马斯洛的需要层次理论，从情感维度研究大学英语教学活动中的心理现象和发展，以情促教，优化教学环境和质量。作为老师我们应该清楚，任何一次完整的教学都是师生的情感体验和认知的统一。认知是情感发生的前提，情感能够促进认知的构建，两者之间基于学生学习大学英语的需求和动机而结合到一起，共同作用，相辅相成。马斯洛认为需要是组成人们活动的内在动力，是人变得积极主动的源泉。教师和学生的情感互动彼此鼓励并建立信任感，便于老师及时了解学生的需求，引导学生认识到自己缺乏的内在动机，然后给予适当的外部刺激，这是情感促进认知的过程（冯辉，2018）。

2）罗杰斯的人本主义教育观

卡尔·罗杰斯是当代美国著名的人本主义心理学家之一，提出"以学生为中心"的教育思想，强调学生是教育的中心，教师的任何教学活动必须从学生的角度出发，满足学生的学习和成长需求，只要学生觉得教师的教学有意义和价值，无须劝导，学生自然就会拥有强烈的学习动机，自发地努力学习。所以教师的任务不仅是教授知识，更主要的是培育良好的师生关系和学习环境，在和谐、有爱的环境里，学生心理上有支持，情感不孤独，自然会拥有进一步学习的信心和力量。"以学生为中心"将人作为一切存在的根本价值，突出人的关注、接纳与理解能力，认为教学的核心理念在于构建和谐的师生关系，激发内在学习动机，释放个体成长潜能，实现学生的独立全面发展（尤春芳，2020）。罗杰斯学习理论的特点在于他试图把认知与情感合二为一，以便培养出完整的人。他使人们重新认识到情感在教育中的重要性（戴炜栋，2004）。

学生中心模式又称非指导性模式，在这种教学模式下，教师和学生互相信任、互相支持，课堂气氛和谐融洽。教师理解、尊重、接纳学生的情感和观念，真诚地走进学生内心，做学生的朋友。教师的身份是促进者，通过与学生建立起融洽的个人关系，以解决学生的情感问题为主要目标，促进学生积极地投入学习，促进学生的成长。因为，在人本主义视角下，学习者本身具有巨大的潜能和自我实现的愿望。教育的作用在于为学生创造适当的学习环境，促进学生的自我实现（韩彩虹，2013）。

罗杰斯认为，情感和认知是人类精神世界缺一不可的有机构成部分，两者互相促进，共同发展；教育是以人的能力的全域发展为目的，智力的发展同情感的发展同等重要，只有这样的教育才能培养出知情合一的人、完整的人。重视学习者的情感因素，打破传统的教学模式，实行以人为本的教学方法，必须给予学习者足够的情感重视（宋炳，董丽娜，2011）。

大学英语教学要坚持人本主义教学观，教学目标、教学过程和教学评价要紧扣人本主义教学思想。采取换位思考的方法，设身处地站在学生的角度分析学生的情感需要，并积极培养学生的自主学习能力，重视开发学生潜能，充分尊重学生情感，让学生实实在在感受到教师的关心和爱护。学生在有爱的环境中，自然产生对教师的好感与尊重和对英语的喜爱，进而产生对英语进一步了解的决心和行动，从而取得好的学习成效，这就是情感激励学习成效的过程。

2.1.2 情感过滤假说

语言教学是整个教育体系的不可缺少的一部分，语言教育的过程更是全面培育人的过程，情感因素对语言认知学习的影响早已得到语言学家及教育工作者的一致认同。自人本主义思潮兴起以来，语言学家及教育工作者越来越重视情感因素对语言认知学习的影响。在第二语言习得领域，Dulay 和 Burt（1977）提出了情感过滤假说（the Affective Filter Hypothesis）。后来 Krashen（1981）发展了这一理论，认为强动机、高自信和低焦虑的外语学习者拥有较低的情感过滤，从而获得大量的输入和吸入；相反，弱动机、低自信和高焦虑的外语学习者拥有较高的情感过滤，从而只能获得少量的输入，吸入得就更少或者没有吸入。

克拉申的情感过滤假说核心在于学习者可以接受语言输入的程度，受诸多情感因素的影响，例如学习动机、自信心、焦虑程度等，强调降低情感过滤对学习成功的关键作用。学习动机是推动学习者进行学习的一种内部动力，是激励和指引学习者学习的一种需要。影响学习者学习动机的因素很多，例如：自身需要和目标结构、学习者个体的兴趣和爱好、社会环境、教师榜样、自我价值的实现等。因此，教师要运用教学策略，激发学习者学习动机（陈思侠，2017）。外语焦虑是一种特殊的情境焦虑，是学习者在外语学习中感受到或表现出来的"自我知觉、信念、情感和行为的独特综合体"，焦虑情绪会增加外语学习者的情感过滤程度，给学习者带来心理、认知、行为等方面的压力，负面影响语言习得成效（董连棋，2021）。教师注重课堂教学中与学生的良性互动，加强学生的课堂参与度，降低学习焦虑。课堂上采取多变的教学方法，选择合适的教学难度。鼓励学生回答课堂问题，或者以活动、讨论等形式呈现问题，激发学生的参与热情（杜璇，2019）。

2.1.3 成就动机理论

所谓成就动机（achievement motivation）是指人们在完成自己认为有重要意义、有一定价值的、具有挑战性的活动时的内在驱动力。美国哈佛大学教授戴维·麦克利兰（David McClelland）对人的需求和动机进行研究，于20世纪50年代在一系列文章中提出成就动机理论，把人的高层次需求归纳为对成就、权力和亲和的需求。其中，对亲和的需求，如同马斯洛的情感需求一样，实质上就是渴望和谐融洽的环境，寻求被他人喜爱和接纳的一种愿望（金盛华，2010）。在充满友好氛围的环境里，自然促使人有更强的动力和心情去达到目标。

美国心理学家约翰·威廉·阿特金森（John William Atkinson）于1963年将麦克利兰的成就动机理论进一步深化，提出了具有广泛影响的成就动机模型。阿特金森认为，个人的成就动机由两部分组成，一是追求成功的倾向，二是回避失败的倾向。也就是说，成就动机包含到对成功的渴望和对失败的担忧两者之间的情绪冲突。个体在面临任务时，这两种倾向同时起作用，当两种倾向不相上下时，个体必然感到内心的痛苦，当避免失败的倾向大于力求成功的倾向时，个体就会变得消极，找借口逃避；反之，个体就会觉得事情很有挑战性，就会激发斗志，变得积极应对，想办法努力实现。

成就动机理论对教学具有很重要的意义：第一，人天生具有的亲和需求，要求教师必须要进行情感教学，以学生为中心，满足学生情感需求，激发学生动机等学习情感。第二，教学任务的难度要适度，既不能太难也不能太容易。太难的话，学生避免失败的倾向会大于力求成功的倾向，学生会选择逃避并产生挫败感；太容易的话，学生不费劲就解决了问题，体会不到经过努力而成功的喜悦，激发不了学习的求知欲望。

2.1.4 归因理论

奥地利社会心理学家 Fritz Heider（1958）最早提出归因概念，他认为，人的行为归因是由个体的原因或外部环境引起的。经过研究的发展，在总结前人理论的基础上美国教育心理学家 Weiner（1972）提出了著名的成就动机归因理论，致力于将动机问题与归因问题结合起来，试图用归因理论来解释动机问题，来研究个体的行为，指出个体对自己行为成功或失败原因的分析，解释影响他的情感反应和对未来行为的预期，从而进一步影响他的后续行为和结果。

Weiner认为，人们通常把自己经历过的事情的成败归结为以下六个原因：能力大小、努力程度、工作难度、运气、身心状况和其他情况。并按照这六个原因的性质分为三个维度：因素来源、稳定性和可控制性，如表2-1所示。

表2-1　Weiner的归因理论六因素和三维度

	稳定性		因素来源		可控制性	
	稳定	不稳定	内在	外在	可控	不可控
能力大小	√		√			√
努力程度		√	√		√	
工作难度	√			√		√
运气		√		√		√
身心状况		√	√			√
其他情况		√		√		√

根据Weiner的归因理论，那些将失败归因于自身能力的缺乏或其他外部因素的人是相对消极的，被称为"避败型学生"。"避败型学生"缺乏面对困难的勇气和信心，当面对挑战时，他们会焦虑甚至绝望（莫雷，2012）。所以面对学习英语的困难挑战，不少学生自信心不足，焦虑紧张，没有足够的力量去解决问题。

如果学生把情感过滤行为归因于外部的教师因素，而教师在教学过程中对学生的情感过滤现象不重视，保持任由学生情感发展的默许态度，不及时对教学中出现的问题进行总结和反思，必然会产生教与学之间的冲突，并进一步刺激学生的情感过滤意向，影响学习成绩，甚至会导致学生逐渐丧失对英语学习的兴趣。国内研究者重视成就动机归因理论对英语学习的影响，做了大量的研究，如欧杨（2012）、李盛楠（2011）、顾柳琼（2010）的研究。

同时，教师要积极引导成绩不好的学生形成积极归因，尊重学生，帮助学生客观分析失败的原因，不要把任何失败都归于能力不足或不够聪明，引导学生反思是否不够努力、是否没有养成好的学习习惯和方法。只有通过转变归因，培养学生的积极情感，才能帮助学生走上良性发展道路。

2.1.5 自我效能感理论

自我效能感是美国著名心理学家Albert Bandura于1977年提出的，指"人们对自身能否利用所拥有的技能去完成某项工作行为的自信程度"（周文霞，郭桂萍，2006）。简而言之，自我效能感就是个体的自信心问题。自我效能感的高低，决定了学生的学习动机，以及在学习过程中付出的努力和克服困难的毅力等。具有较高自我效能感的学生相信自己的行为能帮他成功地完成目标，努力地适应环境、不断反思总结并积极培养自己的各种技能，积极预期自己未来的成功，从而以更加饱满积极的情感状态投入下一步的目标中；具有较低自我效能感的学生对目标的实现缺乏信心、充满焦虑，认为自己没有足够的能力实现目标，于是常常采取逃避的态度和行为，在实现目标的过程中不够努力，对未来的预期是消极灰暗的，这种竞争环境下学习的挫败感和内疚感必然削弱学生的自信心，使学生的情感状态越发消极，从而进一步降低自我效能感，导致恶性循环，使学生对学习丧失兴趣，抑制学生价值观和人生观的良性发展。

提高学生自我效能感除了学生自己积极归因外，更需要教师、家长的引导，其中教师的引导作用更为重要。帮助学生克服失败感就要去创造学生成功的机会，让学生体验成功，并及时对学生进行表扬和鼓励，让学生体会到老师的关注，增强学生信心。榜样的力量是无穷的，班里成绩好的或进步大的同学都是学习的榜样，教师可以邀请他们介绍学习经验，让成绩差的同学相信自己也可以成功，增强自我效能感；同时，做经验介绍的同学也可以体会到教师的认可和肯定。

2.1.6 情感教学心理学理论

心理学家卢家楣从心理学角度对教学中的情感现象进行研究，揭示了情感在优化教学过程中的独特作用和意义，并探索情感调控的途径和方法。卢家楣指出，现代情感心理学研究证明，情感的九大功能不可忽视，教师在课堂教学中只要充分运用好其中一个功能，就能充分体会到情感在提高课堂教学成效中的强大力量和效果：① 动力功能（情感具有增强或减弱行为动力的效能），能提高学生学习的积极性。② 疏导功能（情感具有提高或降低对他人言行接受性程度的效能），能增进学生对教学内容的内化。③ 强化功能（情感具有巩固或改变行为的效能），能帮助学生形成良好的学习态度，矫正不良行为。④ 调节功能（情感具有组织或瓦解认知操作活动的效能），能促进学生智力的发挥和发展，提高学习效率。⑤ 协调功能（情感具有促进或阻碍人际关系的效能），能融洽师生关系。⑥ 保健功能（情感具有增进或损害身心健康的效能），能改善学生的身心健康状况。⑦ 信号功能（情感能通过表情外现而具有信息传递的效能），能改善教学中师生信息传递的效果。⑧ 感染功能（情感具有对他人情感施予影响的效能），能调控学生情绪、陶冶学生情操。⑨ 迁移功能（一个人对某对象的情感会迁移到与之有关的其他对象上去的效能），能调整学生对教师所教内容的学习心向。

为了实施情感教学，卢家楣（2006）提出三条情感性教学原则。

1）乐情原则

在教学活动中，教师要积极创设条件让学生怀着快乐的情绪进行学习。

2）冶情原则

在教学活动中，教师要积极创设条件使学生的情感在学习的过程中得到陶冶。

3）融情原则

在教学活动中，教师要积极创设条件使师生的人际情感在教学过程中积极交融，教师应重视师生人际交往中的情感因素，努力以自己对于学生的良好情感去引发学生的积极情感反应，创设师生情感交融的氛围，以发展和谐的师生关系，优化教学效果。

卢家楣（2006）指出，情感教学原则的实施结果则有助于学生三方面的情感发展：一是对学习的乐趣（乐情原则）；二是情感体验的丰富（冶情原则）；三是师生、生生间的情感融洽（融情原则），把这三个方面概括为课堂教学情感目标分类的三个维度：乐情度、冶情度和融情度。

2.1.7 情感教育研究

20世纪60年代，随着人本主义的兴起，情感教育在美国开始盛行。情感教育既是教育的过程也是教育的目标，核心内容是创设安全并能进行积极反应的生活、学习环境，激发学生的兴趣和潜能，培养学生的发现问题、创新性地解决问题和反思问题的能力。这种教育方法站在学生角度考虑，注重学生兴趣取向，让学生带着兴趣走进课堂，在学习过程中进一步发展综合能力。当然，情感教育的兴趣性特征并不是说教育要迎合学生的多方面兴趣，只有那些与学习进步、与个体和社会发展相联系的兴趣才是应被尊重、培养和发展的。

情感教育作为全球教育研究的热点问题，自20世纪70年代以来，国外情感教育研究已从起步阶段转向深入发展阶段，对情感教育内涵与价值的反思不断深化，取得了丰硕的研究成果，提出了学生学业成就情感、支架型情感教育、师生情感修养等学说。研究者们正力图构建各类学说相整合的情感教育理论体系，综合运用多元化的研究方法，推进情感教育理论研究与实践探索的深度融合（赵鑫，2013）。

朱小蔓1993年出版了专著《情感教育论纲》，代表着国内系统研究情感教育的开始。《情感教育论纲》指出，情感教育，就是关注人的情感层面如何在教育的影响下不断产生新质、走向新的高度，也是关注作为人的生命机制之一的情绪机制，如何与生理机制、思维机制一道协调发挥作用，以达到最佳的功能状态。人的情绪发生有原始自然性、早发性，对个人具有很强的动力、动机性。教育要做的主要是为个人提供条件和支持。

黄洁（2017）的研究指出，中国教育界从20世纪末开始探索情感教育，随后明确提出了"情感教育"理念，认为情感教育的内涵主要包括三个方面：第一，情感教育对于每个学生个体发展具有重要意义；第二，现代的高等教育应将情感教育与学生其他方面的教育发展结合起来，诸如身体方面、知识方面等；第三，情感教育不仅是促进学生发展的重要因素，同时也是教育的重要目标，老师们应该在平时的教学和课后有意识地培养学生积极向上的各种情感品格。

马多秀（2017）对情感教育研究进行了回顾和展望，并指出，30年来，我国情感教育研究经历了思想梳理、理论建构与初步科学实验，情感教育与素质教育的对接，情感教育研究向教育学的多个分支的伸展，情感教育研究主题深化、直面问题和研究方法多样化等四个较为鲜明的发展时期，在基础理论研究和实践探索等方面均取得了较为显著的成就，并已成立专门研究机构和专业委员会，组织了多次国内和国际学术研讨会议。今后，情感教育研究还要在加强基础理论研究，更多使用和整合多学科视角和多种研究方法，细化对不同学科、不同学段学生的情感发展与教育的研究，以及向理论研究与教育实践的衔接互通等方面继续努力。

王姝静（2019）认为，如何才能把大学英语这样一门影响力较大的课程建设成为学生受益终身的学科，是高校大学英语教师应该思考的问题，并依据新模式下大学英语课程的特点，梳理出了翻转课堂教学中教师和学生在角色转变过程中面临的各种问题，提出以情感教育作为路径选择的策略，包括教师要主动创新、及时鼓励学生、创建有情感的课堂、积极开展课堂互动等，从而使大学英语课程的意义得以充分发挥。

2.1.8 布鲁姆的情感教学目标理论

以布鲁姆为代表的美国教育心理学家在20世纪50年代提出了教育目标分类法，即教学活动的总体目标包括三个方面：认知目标、情感目标和动作技能目标。

（1）认知目标。注重记忆或再现某些可能已经学得的内容的目标，以及含有解决某些理智任务的目标，这种理智任务要求个体必须先确定实质性的问题，然后对特定的材料加以重新排列，或把它与以往已经学得的观念、方法或程序结合起来。在教育目标中，占比例最大的是认知领域的目标。

（2）情感目标。注重情调、情绪或接受与拒绝程度的目标。在文献中，这类目标有许多是用兴趣、态度、欣赏、价值化和情绪意向或倾向这类术语来表示的。

（3）动作技能目标。注重某些肌肉或运动的技能、对材料和客户的某种操作的目标，或要求某些神经肌肉协调运动的目标。

情感领域的教学目标根据价值内化的程度而分为接受、反应、评价、组织和个性化等五个等级。

（1）接受。学生愿意注意特殊的现象或刺激，如课堂活动、教科书、文体活动等。

（2）反应。学生主动参与学习活动并从中得到满足。这类目标与教师通常所说的兴趣类似，强调对特殊活动的选择和满足。

（3）评价。指学生将特殊对象、现象或行为与一定的价值标准相联系，对所学内容在信念和态度上表示正面肯定。这一水平学习结果是将对所学内容的价值肯定变成为一种稳定的追求，相当于通常所说的"态度"和"欣赏"。

（4）组织。指将许多不同的价值标准组合在一起，消除它们之间的矛盾和冲突，并开始建立内在一致的价值体系。

（5）个性化。指个体通过学习，经由前四个阶段的内化之后，所学得的知识观念已成为自己统一的价值观，并融入性格结构之中。其学习结果包括广泛的活动范围，但重在那些有代表性的行为或行为特征。

布鲁姆认为，情绪是人们对外界的积极或消极的心理反应，人们的情绪会影响他们的行为选择，学生的学习成绩与其情感特征密切相关，学习积极性高、自信心强的学生比学习积极性低的学生学习速度快、学习能力强。情感教育是学校教育

的重要组成部分，既是教育的目标，又是有效教学育人的强大
推动力。

2.1.9 小结

综上所述，以上有关理论都强调以下因素对教学的影响
作用：动机、焦虑、自信或自我效能、和谐师生关系、情感
互动、兴趣等。把以上因素融入教学中，就是情感教学。所
谓情感教学就是教师的言行、教学方法、教学内容、教学组
织等各个方面能激发学生学习兴趣，师生关系和谐互动，学
生以高动机、高自信、适当焦虑的状态投入英语学习中。可
见，经过多年的发展实践，目前情感对于学习者影响的研究
已从起步阶段转向深入发展阶段，取得了丰硕的研究成果。
情感教学关注教育过程中学生的学习态度、动机、自身的焦
虑、信心等情感变化，尤其重要的是重视学生与教师、同学
之间相处交流沟通的情况，所以情感教学的核心本质上是师
生人际关系的和谐处理。

2.2 国内大学英语情感教学发展

2.2.1 国内大学英语情感教学历史演变

大学英语情感教学融入大学英语教学改革理论和实践中，紧跟时代发展，为社会主义建设培养人才。改革开放初期，在党和国家的重视下，公共英语教学逐渐复苏。1985年5月，中共中央颁布了《关于教育体制改革的决定》，标志着我国教育改革和发展进入一个新的发展阶段。在这样的背景下，公共英语教学受到学校的重视，公共英语逐渐成为高校一门重要的基础必修课程。同年，《大学英语教学大纲（高等学校理工科本科用）》的颁布，标志着"大学英语"叫法的正式诞生（李箭，2008）。1982—1994、1994—2001、2002年至今，中国大学英语教学经历了三次教学改革，且多集中在教学目标、教学内容以及评估手段等方面，其中以第三次教改力度最大（蔡基刚，2010；张艳，2015）。以下根据几个重要的大学英语教学指导性文件，简单介绍大学英语教学改革在情感教学发面的发展演变过程。

1）2004年《大学英语课程教学要求（试行）》发布

20世纪以来，我国大学英语教学与时俱进，不断进行教学改革与创新反思。为推动大学英语教学改革，不断提高大学英

语教学水平，培养学生英语综合应用能力，2004年高教司发布
了《大学英语课程教学要求（试行）》，提出大学英语是以英
语语言知识与应用技能、学习策略和跨文化交际为主要内容，
以外语教学理论为指导，集中多种教学模式和教学手段为一体
的教学体系。以此为起点，大学英语教学改革进入了繁荣发展
时期。

在教学目标方面，2004年《大学英语课程教学要求（试
行）》指出，大学英语教学要培养学生的英语综合应用能力，
特别是听说能力，使他们在今后工作和社会交往中能用英语有
效地进行口头和书面的信息交流，同时增强其自主学习能力，
提高综合文化素养，以适应我国社会发展和国际交流的需要。
2004年《大学英语课程教学要求（试行）》较充分地考虑了全
国各地区以及各高校情况差异较大的实际情况，提出大学英
语教学应贯彻分类指导、因材施教的原则，以适应个性化教学
的实际需要，明确将大学英语教学分成"一般要求""较高要
求"和"更高要求"三个层次。大学英语的分层次教学尊重了
认知规律，切实贯彻了分类指导、因材施教的原则。

在课程设置方面，提出应大量使用先进的信息技术，推
进基于计算机和网络的英语教学，为学生提供良好的语言学习
环境与条件，要同时发挥传统课堂教学的优势，鼓励优秀教师
讲授适宜于课堂教学的课程，与基于网络和计算机教学的课程
相结合也应充分考虑对学生的文化素质培养和国际文化知识的
传授。无论是主要基于计算机的课程，还是主要基于课堂教学
的课程，其设置都要充分体现个性化，考虑不同起点的学生，

既要照顾起点较低的学生，又要给基础较好的学生有发展的空间；既能使学生打下扎实的语言基础，又能培养他们较强的实际应用能力尤其是听说能力；既要保证学生在整个大学期间的英语语言水平稳步提高，又要有利于学生个性化的学习，以满足他们各自不同专业的发展需要。

教学模式方面，《大学英语课程教学要求（试行）》首次指出，各高等学校应充分利用多媒体和网络技术，采用新的教学模式改进原来的以教师讲授为主的单一课堂教学模式。新的教学模式应以现代信息技术，特别是网络技术为支撑，使英语教学不受时间和地点的限制，朝着个性化学习、自主式学习方向发展。新的教学模式应体现英语教学的实用性、知识性和趣味性相结合的原则，应充分调动教师和学生两个方面的积极性，尤其要确立学生在教学过程中的主体地位。新教学模式在技术上应体现交互性、可实现性和易于操作性。另外，新教学模式在充分利用现代信息技术的同时，也要充分考虑和合理继承现有教学模式中的优秀部分。

2004年《大学英语课程教学要求（试行）》引发了大学英语教学理念的一场革命，主要体现在以下两个方面：其一，2004年的《大学英语课程教学要求》创新性地提出了多媒体教学模式，该模式强调以学生为中心，确立了一种以学生为主的积极主动的个性化教学方式；其二，2004年的《大学英语课程教学要求》创新地提出了趣味性原则。

如果说2004年之前的大学英语教学注重知识和技能的传授，那么2007年的大学英语教学不仅注重传授知识和技能，更主要的是在新的多媒体教学模式下，教师教学要遵守趣味性原则，也就是说，教师要进行情感教学，从言行、教学方法、教学内容、教学组织等各个方面能激发学生学习兴趣，调动学生的积极性，以高动机、高自信、适当焦虑的状态投入个性化、自主化学习中。教师感染学生，学生的积极情感激发教师教学热情，两者互相促进，教学相长。2004《大学英语课程教学要求（试行）》的颁布，为大学英语多媒体教学新模式下的情感教学提供了纲领性的政策依据，有远见地预测了大学英语多媒体教学可能会遇到的问题并提出了预防策略，所以本书选取的有关大学英语教学资料是2004年以来的文献资料。

从情感角度来说，无论是分层次教学课程设置的个性化还是教学模式的改进，都体现了以学生为中心、尊重学生的实际需求的教学理念，也反映出新时代背景下全面提升大学英语教学质量的迫切要求，在一定程度上激发了学生学习的积极性，为全面实施情感教学目标打好了初步基础；但忽略了认知、情感和策略在英语教学中的作用。由此可以看出，我国的大学英语教学对认知、情感和策略在教学中的作用还没有引起足够的重视，大学英语教学目标的多元化尚未建立（李二龙，2011）。

2）2007年《大学英语课程教学要求》发布

为适应我国高等教育发展的新形势，深化教学改革，提高教学质量，满足新时期国家和社会对人才培养的需要，高教司于2007年修订颁布了《大学英语课程教学要求》（以下简称《教学要求》）。

2007《教学要求》的一大亮点是在教学管理方面的突破，

更加重视对教师的关心和激励。指出教师素质是提高教学质量的关键，也是大学英语课程建设与发展的关键。学校应建设年龄、学历和职称结构合理的师资队伍，加强对教师的培训和培养工作，鼓励教师围绕教学质量的提高积极开展教学研究，创造条件因地制宜开展多种形式的教研活动，促进教师在教学和研究工作中进行富有成效的合作，使他们尽快适应新的教学模式。同时，要合理安排教师进行学术休假和进修，以促进他们学术水平的不断提高和教学方法的不断改进。

《教学要求》明确提出，除课堂教学之外，对面授辅导、网络指导和第二课堂指导的课时等应计入教师的教学工作量。这是对教师课外工作的一种认可，让教师劳有所获，有利于提高教师工作的积极性，让教师更加热情地投入工作中去。2004版的《大学英语课程教学要求》对教师的关心、鼓励与培养不够，不能激发教师工作和科研的积极性。（魏媛媛，郑松，2011）。积极地课堂建设的关键是教师因素，只有激发了教师的积极情感投入实施情感教学，教学才能有活力，才能激发学生的学习热情。2007年的《教学要求》虽凸显了对教师的人文关怀，是一个非常大的进步，但依然没有明确提出情感因素在大学英语教学的作用。

3）2017年《大学英语教学指南》发布

2017年，为了进一步深化大学英语教学改革，提高教学质量，根据《国家中长期教育改革和发展规划纲要（2010—2020年）》和教育部《关于全面提高高等教育质量的若干意见》等文件的精神，在总结大学英语课程建设和教学改革经验的基础上，国家颁布了《大学英语教学指南》（以下简称《指南》）。2017版《指南》强调继续发挥信息技术在外语教学中的重要作用，鼓励教师建设和使用微课、慕课，利用网上优质教育资源改造和拓展教学内容，实施基于课堂和在线网上课程的翻转课堂等混合式教学模式，使学生朝着主动学习、自主学习和个性化学习方向发展。教师要处理好传统教学手段和现代化教学手段的关系，关注师生间应有的人际交往与情感交流，给予学生思想、情感、人格、审美等方面的熏陶和感染。

2017版《大学英语教学指南》首次提出了情感、师生间的情感交流、给予学生情感的熏陶和感染这些内容，这说明情感在大学英语教学中起着越来越重要的作用。以往大学英语教学中的很多问题与忽略情感因素对教学的促进作用有关。尤其在新的基于计算机网络的混合式等教学模式下，教师还没有积累足够的教学经验。处理好师生关系，师生在和谐真诚的互动下，才能保证双方都积极地投入大学英语新模式环境中。无论采用什么样的教学模式，师生间、生生间的情感交流是不能忽略的。

4）2020年《大学英语教学指南》发布

2020年10月18日，由教育部高等学校大学外语教学指导委员会和高等教育出版社在北京联合主办发布会，正式发布了《大学英语教学指南》（2020版）。2020版《大学英语教学指南》体现了"继承"和"发展"两大特色。既一如既往地体现了工具性和人文性，又在课程思政、教学要求、教学内容、教学方法与手段、教师发展等五个方面体现了"发展"（何莲珍，2020）。

在课程性质部分，《大学英语教学指南》（2020版）首次指出："大学英语需要在课程建设、教材编写、教学实施等各个环节充分挖掘其思想和情感资源，丰富其人文内涵，实现工具性和人文性的有机统一。"这充分说明大学英语界越来越重视情感育人的重要性和必要性。处理好传统教学手段和现代化教学手段的关系，关注师生间应有的人际交往与情感交流，挖掘各个环节的情感资源，给予学生思想、情感、人格、审美等方面的熏陶和感染。

《大学英语教学指南》（2020版）依然重视大学英语教师对教学质量的关键作用，对高校大学英语教师提出了五个方面的素养提升要求，即育人素养、学科素养、教学素养、科研素养和信息素养，并对高校推动大学英语教师发展提出了指导性意见。《大学英语教学指南》（2020版）首次提出大学英语教学应融入学校课程思政教学体系，使之在高等学校落实立德树人根本任务中发挥重要作用。实施好大学英语课程思政，激发学生爱国热情和文化自信，以饱满的情感状态学好英语，为祖国的未来建设贡献力量。

2.2.2 国内大学英语情感教学研究方向

国内教育界充分重视情感教学理论对教育的促进作用，大学英语界有众多学者把情感理论运用到大学英语教学中并进行了广泛研究。随着时代变迁，学生自我意识逐步增强，人们越发意识到情感因素在教学过程中的重要作用。"重知轻情"的教学方式无法达到满意的教学效果，甚至使学生产生强烈的逆反心理，焦虑、沮丧等负面情绪充斥于心，抵触、逃避等消极活动表现于行，为此，情感教学已在教育领域成为一项重要的研究课题（李剑锋，2019）。国内对于大学英语情感教学的研究主要集中在以下几个方面。

1）坚持情感教学理念的必要性研究

秦秀白（2008）指出，指导大学英语教学的纲领性文件《大学英语课程教学要求》是人本主义教学观的完美结晶；只有坚持人本主义教学观，我们才能进一步促进教学理念的更新，实现大学英语的教学目标。叶莹、冯新华（2014）提出为了提高教学效率，增强学生的国际交流能力，大学英语教学应当从知本主义向人本主义教育观转变，让学生认识到语言文化学习的重要意义，产生自我实现的内心动力，积极主动地培养中西文化英语表达能力，应对社会发展需要。李荣飞（2018）论述了人本主义心理学及教育理论对英语教学和师生互动的重要性，指出人本主义着重凸显出情感在教育教学活动中的地位和作用，以学生的情感作为教育教学活动的关键因素，在课堂教学活动中以教师为中心转向以学生为中心，把学生的情感、体验，思想、生活习惯，行为等看作是教育教学的主体，使学生产生主动学习，创造性学习的积极性。巫元琼、黄皓（2008）曾敏锐地指出，在大学英语教学由传统教学模式向多媒体参与的新型教学模式转变的过程中，新的特点会不断出现，如大学英语教学中"物"的因素不断增加，英语学习的趋利性目的日益明显等。重温人本主义思想精髓，再度审视大学英语课程的性质和大学英语教学中的环境，学生、教师、教材、评估等各种要素，对于实施人性化教学、提高教学质量、增强教学效果等都有积极意义。的确，目前随着科技的发展，现代教育技术与大学英语课堂日益融合，多媒体辅助已成为大学英语教学的重要组成部分。但是，无论科技多么发展，多媒体辅助只是一种手段、一种形式，关键是以人为本，让课堂温暖起来，而不是依赖冷冰冰的机器。

情感过滤假说理论对大学英语教学具有非常好的指导意义，并能为现行的外语教学改革提供有益启示。"互联网+"时代给大学英语教学带来前所未有的挑战和压力，高校英语教师应从教学过程中的情感因素寻找突破口，从多个角色展示自己的情感力量，才能在重重压力之下，走得更远（赵金霞，2018）。大学英语教学中的情感因素在很大程度上影响语言学习效果，应以情感过滤理论为依据激发学生的学习兴趣，在开展英语教学时，教师要关注学生的情感因素，从学习动机、自信心、学习焦虑感等方面采取应对措施，降低情感过滤因素，提升学生的学习兴趣，从而提高英语教学质量和效率（李吕梁，2018）。教师的引导和沟通非常关键，可以提高学生对环境的感知，帮助学生树立自信心，端正态度。

2）情感理论应用到大学英语教学实践和改革的研究

（1）人本主义理论指导大学英语教学。

张庆宗、吴喜艳（2003）对多媒体背景下的人本主义外语教学进行了探讨，指出人本主义学习理论的外语教学强调学习者是情感和认知的主体，重视学习者的性的发展，激发学习者的学习动机，充分发挥学习者的潜能，有效提高学习效果。人本主义学习理论在外语教学中的运用主要体现在三个方面：创建良好的师生关系、尊重学生的情感需求、培养学生的自主性和创造性。赵东（2010）从面子意识、权势距离和社会性别角色等方面分析了大学英语课堂恶性沉默现象的隐性因素，指出各隐性因素在课堂教学中影响较大，并在此基础上，依据人本主义教学理论，从学生情感、教学组织形式、教师提问策略和学生自我修正能力等方面提出对策以改善课堂恶性沉默现象。许辉（2018）依据罗杰斯和马斯洛为主的人本主义教育思想理论核心"以学生为中心""非指导性教学""需要层次理论"，根据不同学生英语实际水平和需要进行分层设计教学活动，对大学英语教学采用同班分层教学模式，使不同层次的学生在英语学习中有自由度、安全感、身份认同和归属感，从而切实有效地激发学生英语学习的动机和兴趣，开发他们的潜能和创造力，促使他们在英语综合应用能力、适应未来发展等方面得到提高。

张瑞雪（2020）从理论基础、教学模式和教学实验三个层面对大学英语个性化教学进行研究并指出，在大学外语教学中应用人本主义教学思想和信息技术，以学生的个体差异为出发点实施教学设计和教学评价，可以有效提高学生的学习积极性和主动性，有助于提高大学英语教学的效果和学生的英语综合应用能力。郭玮（2020）从人本主义心理学及其教育观的视域解读大学英语通识课程的教学目标、教学内容以及师生关系，探讨人本主义教育观在大学英语通识课程建构过程中的指导作用和意义，以期将人本主义教学理念应用于大学英语通识课程教学中，推动大学英语课程改革，提升通识课程的教学水平。

（2）情感过滤假说有效指导教师创造低情感过滤的学习环境。

情感过滤假说认为，教师在教学中需要创造低情感过滤的学习环境，这样学习者才能将输入转化为吸入，完成习得过程。那么在实际大学英语教学中，教师采取什么样的教学策略才能营造低情感过滤的学习环境？刘拴（2014）以情感过滤假说等为理论基础，通过定量研究与定性研究相结合的方法，探讨了尊重学生、激发动机、转变角色、减少讲解、消除外语学习心理障碍、和颜悦色等教学策略。研究表明情感教学策略的运用促进了学生英语学习的积极情感，激发了学生课后学习英语的热情，进而提高了学生的英语成绩，有效地提高了学生的英语能力。刘妍（2017）针对互联网时代下大学英语教学策略的必然变化，从教师角色的转变、互联网时代学习方式的变革、评价体系、互惠式学习等角度对教学策略进行了探究，提出了在网络时代下加强教师与学生的信息素养教育的重要性，并指出情感策略是大学英语教学不容忽视的一环。彭薇（2018）认为，重视大学生的全面综合素质的培养和发展，必须要关注和重视大学英语教学中的情感教学策略和方法：搭建情感化、有效性的大学英语课堂平台，激发学生的英语学习兴趣；挖掘大学英语教材中的情感因子；营造良好的师生关系和氛围；注重大学英语与日常实际的链接，增强学生参与的积极性。只有这样才能在大学英语知识和技能的教学中添加情感的因素，从而较好地帮助大学生增强大学英语学习的积极性和兴趣，达到提升自己综合英语水平的目标。

（3）情感过滤假说也为分级教学提供了情感理论保障。

近几年各大高校逐步实施了大学英语分级教学，并取得了显著的成果，同时在这种分级教学模式下，如何激发大学生学习情感因素越来越受到教育者的高度关注。陈艳华（2011）基于输入假设和情感过滤假设理论的启示，探讨了两者与大学英语分级教学之间的关系，认为可理解输入引起的语言习得会激发学习者的良好情绪的培养，良好的情绪产生可促进可理解输入的产生，两者对学习者的学习起着相辅相成的作用。所以，大学英语教师在分级教学中要重视学生的非智力因素，并对分级教学带来的负面及影响外语学习的各种因素进行认真分析研究，注重激发学生的学习动机，树立学习自信心，并帮助其在学习过程中消除焦虑。张丹（2013）也认为，在分级教学中，学生的智力因素和非智力因素同等重要，语言输入是起因，情感因素是关键，教师应关注分级教学给学生们造成的心理负面影响，根据不同班级学生的特点及心理状况，采取有针对性的策略。教师既要保证语言输入的质与量，同时要为学生创设良好的学习氛围，改进教学方法，建立和谐师生关系，降低学生的情感过滤，进而使不同基础的学生语言水平提高，取得良好的教学效果。马平（2013）以克拉申的情感过滤假说为理论依据，通过调查问卷和课堂观察两种研究工具，对所在学校快班和慢班两个班级学生进行了初步调查，分析了目前分级教学中学生存在的情感问题，并提出了相应的情感教学对策。

（4）情感教学理论促进了各项英语技能教学成效。

王凤（2006）基于罗杰斯的人本主义教育观和情感教育教学理论，探讨了大学英语写作教学中的情感教学的必要性和策略。把写作作为师生之间感情沟通的桥梁，为学生创造一种和谐、自由的心理氛围，让写作教学成为促进学生英语水平全面提高的一个平台。在听力方面，王西娅（2012）的统计研究结果表明大学生的焦虑情绪、学习动机不强、自信心差分别与他们的英语总成绩、听力理解成绩和口语成绩呈显著负相关，即外语课堂焦虑程度越高其动力越弱，自信心越差其英语总成绩、听力理解成绩和口语成绩越低，反之亦然。并提出将情感因素融入大学英语教学的一些可行性建议：正确指导学生之间的课堂人际关系；培养学生增强英语学习的动机；学会欣赏学生，维护学生的自信心。

（5）大学英语教师角色定位和师生关系的研究。

罗杰斯的人本主义教学理论认为，人们的创造性活动是由认知和情感合二为一形成整体共同促进完成的，人天生具有的潜能只有在一种真实、信任、理解的人际关系中才能得以实现，应创造"无条件积极关注"的氛围。该理论认为师生关系是由师生的认知、情感和行为三方面因素共同组成的一个动态系统。和谐的师生关系会对学生的学习起到极大的促进作用，构建和谐平等的师生关系，教师是促进者身份（吉少丽，2008；龙春芳，2020；朱松华，2020）。肖英（2013）探讨了人本主义观点里的教师角色以及教师角色的转变对英语教师提出的新要求，指出教学要以学生为中心，尊重学生的客观需要，了解和关心学生，尊重学生人格，与学生交朋友，从学生的角度出发思考问题，制订教学计划，让学生在轻松快乐的环境里学会学习。对于创建良好的师生关系，王友良（2010）提出，需要依据人本主义教学理论的指导，教育者应意识到"亲和力"是建立师生和谐关系必备的基本素质，要以平等、互动、合作的方式引导学生主动参与教学活动。

2.3 大学英语教学新模式与情感教学的关系

随着信息技术迅速发展，计算机多媒体、网络技术广泛应用于大学英语教学中，推动教学模式的不断创新，传统的以粉笔+课本的教学模式已无法适应时代的发展。在此大背景下，以网络计算机为依托的各种大学英语教学模式应运而生。"互联网+"教育激发出大学英语教学崭新的发展活力与生命力，并有效催生了全新的教学模式和人才培养模式，是对传统教学模式的有力补益和发展。在"互联网+"背景下，利用微课、微视频、微博、微信等现代技术开展多元新型多媒体教学，构建基于网络的虚拟教学平台，建设网络化的大学英语课程体系，加强大学英语教师多媒体教学素养，是构建大学英语教学新模式的积极有效途径（吴颖，2018）。

如何定位大学英语教学新模式与情感教学的关系？网络科技多媒体为课堂的生动有趣提供了可能性，极大地激发了学生的学习动机等学习情感。可以说，教学新模式的表象目的就是为了学生能有乐趣地学习，其实，所有的教学的一切元素和努力，包括教学模式、师生关系等，都是为了学生能有好的学习成效。教师和学生是课堂的最重要的两大元素，课堂离不开教师的引导，在教学新模式背景下，大学英语教师面临如何进行情感教学的巨大挑战。

2.3.1 多元混合教学模式

1）混合式教学的概念与内涵

混合式教学的概念最早由国外的培训机构提出，指的是网络线上与线下的混合，通过引进面对面教学来改进E-Learning的不足。随后，混合式教学模式被引入到高校教育领域，并得到高度关注（余胜泉，路秋丽，陈声健，2005；张其亮，王爱春，2014）。在混合式教学模式下，教师的教学模式、教学策略、角色也都发生改变。这种改变不仅只是形式的改变，而是在分析学生需要、教学内容、实际教学环境的基础上，充分利用在线教学和课堂教学的优势互补来提高学生的认知效果（余胜泉，路秋丽，陈声健，2005）。

北京师范大学何克抗教授在国内首次正式提出混合式教学概念：混合式教学模式把传统教学方式的优势和网络化教学的优势结合起来，既发挥教师引导、启发、监控教学过程的主导作用，又充分体现学生作为学习过程主体的主动性、积极性与创造性（何克抗，2004）。之后涌现出大量对混合式教学的研究，其中李逢庆（2016）对混合式教学的理论基础和教学设计进行了研究，指出混合式教学是指在适当的时间，通过应用适当的媒体技术，提供与适当的学习环境相契合的资源和活动，让适当的学生形成适当的能力，从而取得最优化教学效果的教学方式，掌握学习理论、首要教学原理、深度学习理论和主动学习理论是混合式教学的理论基础。陈若静（2018）基于信息化背景，对大学英语多元混合式教学模式的内涵进行了详细分析，并通过全面整合英语教学方法、建立多元混合师生关系、积极优化英语课程设计、健全英语教学评价体系四个维度，提出了大学英语多元混合式教学模式改革的有效路径，旨在能够有效提高大学英语教学质量，为学生的英语学习提供更多便利。

2）多元混合式教学模式优势

不少研究者都认为多元混合式教学模式将传统课堂教学与在线教育的优势充分结合起来，成为目前"互联网+"时代信息化教学的主流模式，为当前课堂教学改革提供了一种创新思路。网络则以其提供的各种交流方式弥补了师生因角色地位、个性心理等差异造成的交流沟通少的问题，满足了学生交往的需要，对于学生学会交流、建立良好的人际关系起到了重要作用（于胜泉，2005）。张其亮、王爱春（2014）认为混合式教学（B-Learning）是传统教学（Face to Face）与网络化教学（E-Learning）优势互补的一种教学模式，是目前高校教学改革的一个重要研究方向，故设计了新型的基于翻转课堂的混合式教学模式并将其运用到教学中，并以"嵌入式系统软件设计"课程的学习者为调查对象，对所设计混合教学模式的应用效果进行了验证和分析，以期为同类研究者提供借鉴。郭文琦（2017）认为翻转课堂是混合式学习模式实现的主要途径。在大学英语教学中应用基于翻转课堂的新型混合式教学模式，对提高英语教学效果、促进学生的英语学习具有重要意义。王丽丽、杨帆（2015）提出在强大的互联网和智能技术的支撑下，构建"慕课+微课+翻转课堂"的多元混合教学模式和基于"微信+移动网络"的多元互动学习环境，迎合学生个性需求，实现学习的自主化，这既能提高大学英语的教学质量，更是时代发展推动大学英语教学改革的必然趋势。

3）雨课堂的开发与应用为混合式教学模式提供了有力的技术平台支持

曹野（2019）以翻译教学模块为例，对基于雨课堂的大学英语混合式教学模式的应用进行实证性研究。结果显示，基于雨课堂的大学英语混合式教学模式，能够显著提高高校学生英语翻译成绩，在提升大学英语教学质量方面具有重要意义。陈燕琴（2019）将雨课堂与慕课引入大学英语教学课堂，进行了混合式教学新的尝试，实践表明此混合式模式能激发学习者兴趣，同时还指出了雨课堂应用于课堂教学存在的问题，以期对于雨课堂平台的改进和其应用教学实践有一定的意义。基于雨课堂的SPOC混合式课堂教学，极大地发挥了网络在线资源的优势，扩展了师生交流的时间和空间。这一教学模式突破了传统教学方式，使教学活动真正实现由"教"向"学"的转变，营造出互助、和谐、轻松的教学氛围，充分激发了学生的学习主动性，培养了他们的自主学习能力（张娟，2020）。

但并不是所有学生都欢迎多元混合教学模式，刘芳（2018）通过教学实践总结出，"互联网+"背景下多元混合教学模式的实施，增添大学英语教学的趣味性和生动性，可以调动学生的英语学习积极性，能够满足学生的学习需求。但依然有部分学生支持采用传统的教学方法，学生们对多元混合教学模式的实施褒贬不一。究其原因，首先，被调查者均为大一新生，学生们依然受到高中时期传统的教学模式影响，并习惯了填鸭式教学方法，线上与线下结合、自主与合作相结合对他们来说还十分陌生，因而对多元混合式教学模式还需要有一段时间去适应。对此，还需要教师与其进行积极的沟通，普及多元混合教学模式的实施重要性。其次，目前大学生的英语课程繁重，采用多元混合教学模式从某种意义上而言，会占用学生的一部分精力，导致学生几乎没有剩余的时间去应付其他课程，学习压力比较大，学生渴望回归传统的教学模式也无可厚非。同时，由于网络学习平台会受到网络以及教学终端设备等条件的制约，一旦设备发生故障就会影响到学习的效果。

综上所述，传统与现代科技相融合的大学英语混合式教学模式，可以更好地激发学生学习兴趣。同时，怎么样充分利用混合式教学模式，发挥出新模式的学习情感促进作用，也是教师面临的巨大挑战。

2.3.2 大学英语生态教学模式

教育生态学揭示了教育生态系统基本规律的科学，体现了生态学思维和教育学原理的有机结合，为诸多教育问题的研究提供了生态学视角。大学英语生态教学模式是大学英语教学实践与生态学原理有机结合的结果,目的是能够更好地把握教学、提高教学成效。吴文(2012)提出英语教学生态模式是英语教学与社会文化与语言环境联系起来的一种全面、整体、动态、和谐的语言教学模式。在中国社会文化语言生态背景下,母语为汉语的英语学习以英语语言知识为载体,以英语教师为引导,在理解和接受英语语言异域文化的基础上,构建英语语言概念体系,培养英语为母语使用者语言与思维"天人合一"的思维方式,促进学习者主体全面发展的动态、统一、和谐、平衡与循环的互动交往活动。生态思维是贯穿模式建构的一条主线,把英语教学系统始终作为英语语言、学生、教师和环境构成的立体多维系统,但其归根到底是为了培养学生的跨文化交际能力、多元文化意识,促进学生在语言学习过程中自主、独立、和谐的全面发展。洪常春(2018)通过解读人工智能、生态语言学和语言教育相关概念,探讨了智慧教育,提出了构建大学英语生态教学模式路径,指出组成生态教学模式的主要元素包括多元立体的教学媒体,智慧课堂设计者的教师,多维动态的形成性评估等。人工智能通过对学生数据的收集,分析个体差异,定制个性学习内容,真正实现因材施教。依托人工智能的数据挖掘技术分析学习者特点,借助技术手段进行智慧课堂设计,能够促进语言学习者的自主学习,建立动态完备的学习者档案,使语言学习过程不再是一个线性的过程,而是不断演进的开环,最终形成语言学习过程中各种生态位和谐发展的态势。

郭坤、田成泉（2016）认为大学英语生态教学环境在情感环境、物理环境、评价体系、信息技术方面存在失衡现象，充分考虑作为课堂生态主体的教师、学生和客体性课堂三种生态因子才能优化大学英语教学环境，真正坚持"学生为中心、教师为主导"的教育理，创建一个动态、和谐、平衡的大学英语教学环境。

总之，很多研究者认为，大学英语生态教学模式离不开和谐、动态、情感等关键词。情感环境是指课堂教学活动中所体现出来的并能被参与者所感知的人际环境，如师生关系、生生关系以及课堂气氛等。和谐的师生关系、生生关系以及积极向上的课堂氛围，对于课堂活动的顺利开展以及学生的身心发展都具有重要的作用（郭坤，田成泉，2016）。情感教学是和风细雨，是阳光灿烂，只有实施情感教学才能培育健康和谐的师生、生生关系，才能达到教学质量的有效提高。

2.3.3 多模态的大学英语教学模式

随着网络信息技术的日新月异，信息交流方式变得方便、多样性。多模态的表达途径拓展了语言表达的内容和形式，展现了网络科技时代交际的多模态性。曾庆敏（2012）基于多模态教学理论，探讨从教学模块、教学内容、教学互动、教学手段和教学评估五个方面构建多模态的大学英语教学模式，旨在培养学生的多元识读能力、英语综合运用能力和自主学习能力。徐艳丽（2013）系统地分析了大学英语听力教学中的多模态因素：听觉模态、视觉模态和触觉模态，以及三种听力模态在大学英语听力教学中的不同功效、配置方式，并指出了大学英语听力教学中文化模态教学的必要性和可能途径，提出多模态大学英语听力教学是大学英语听力教学未来的发展趋势。宋英（2018）认为多模态读写能力是新媒体时代大学生适应时代发展的必备能力之一，探索多模态读写能力的培养路径具有重要的现实意义。大学英语课堂多模态选择系统的建立、大学英语多模态教学模式的构建、学生多模态学习模式的实施和教学多模态评估体系的建立为外语多模态读写能力的培养指明了具体路径。基于多模态教学条件、仿真性教学环境、多模态教学方法、转化性实践活动和形成性教学价五个层面的"教学—学习—评估"三位一体的外语多模态能力培养模式的构建，将培养学生的多模态读写能力落到了实处，能切实提高大学生的外语多模态读写能力，帮助大学生迎接经济全球化、文化多元化和交际多模态化所带来的挑战。

2.3.4 研讨式教学模式

研讨式教学是以学生为主，学生主动进行思考、质疑与探索的师生互动及生生互动的课堂教学方法（王晓芳，2018）。葛树慧和石静波（2014）将研讨式教学引入大学英语课堂，基于研究性教学理念的研讨式教学是在小班化教学的基础上，以网络教学平台为技术依托，让学生参与到研究课题中，锻炼了学生的逻辑思维，又在完成研究报告的过程中强化提高了学生的英语综合运用能力。研讨式教学保证了师生间的充分互动交流，创新的学习环境激发了学生课堂参与和团队合作的积极性，形成性评估和终结性评估相结合的方法确保了教学各个环节的顺利实施，既锻炼了学生的研究能力又提高了英语综合技能。王旭莲（2017）认为在大数据背景下，大学英语传统的"一言堂"教学经历着颠覆性转变，"以学习者为中心"的教学范式成为必然趋势。TEAM研讨式以建构主义理论为指导，具有任务性、探究性、应用性、管控性、团队性等特征，高度重视学生如何学，构建开放的英语学习环境，实施目标化自我管理和多元化教学评价，开展团队学习。实践证明，TEAM研讨式教学有助于激发学习自主，关注学习过程，培养研讨技能。祝丽萍（2017）以基于建构主义理论以及现代化的网络信息平台的新型教学方法为研讨，课堂结构由教师、教材以及学生和教学媒体四大要素构成，研讨模式突出学生中心的教学思想，体现了一种创新的教学思想。陈灿（2017）对基于翻转课堂的大学英语研讨式教学模式——4S模式进行了研究，结果显示4S模式能有效地扭转以教师为中心到的课堂教学，真正实现课堂的以学生为主体，教师为主导；学生的学习兴趣浓厚，消除了课堂隐性逃课现象，提升了自主学习、合作学习和创新能力。

2.3.5 移动学习背景下的教学模式

移动学习（M-Learn）是一种新的现象，它是一种利用手机等终端进行跨情境学习的新手段，早在1994年就在卡耐吉-梅隆大学得到推广，近些年随着智能手机的发展，移动学习成了一种新的学习平台，目前大家对移动学习教育研究者还是持欢迎态度的。Huseyin（2014）在对144名教师的调研之后发现，移动学习无论对于教师自己还是指导学生学习，都非常便利，深受教师的赞扬。

但是移动学习也有一些问题，Rustam（2017）指出了移动学习深受学者欢迎的原因，因为移动学习在学习感知、学习成绩评价以及学习模式方面具有一定新颖性。Sergio Gómez、Panagiotis Zervas（2014）指出，现有的技术手段已经使得移动学习具有自适应性，这是移动学习引起人们兴趣的主要原因。但是也认为移动语言学习带来了一定问题，如（Hwang，2017）认为移动学习在真实场景方面的设计还需要进一步的改进。王丹、高东怀（2019）指出，移动学习在针对教育管理者和监督者方面的设计还不足，是否能够提升教学效率还需要进一步研究。

研究者们还注意到移动学习中的与隐性逃课相关的问题。朱其志（2019）提出有些大学生的手机依赖症问题，并指出现有的移动学习需要教师的干预。钟琳、张菁、张云清（2016）通过实证研究发现在网络自主学习环境下，学生最期待的大学英语教师角色功能是：在情感上给予学生支持，在资源选取利用方面有效指导，在学习方法策略上给予训练引导；而较低期待教师监督学习和评价学生效果的角色功能。陈萍（2017）分析了移动学习下英语学习新生态建设的重要性，并设计出防止学生上网聊天的一系列课堂管理方法。Ciarrochi（2006）指出，当人们面对压力时，情感能力可以帮助压力受众培养积极方面的情感，从群体中获取幸福感。钱沿、王海鹰（2010）

从系统论视角探讨了教师因素对隐性逃课的影响。范媛媛（2014）分析了隐形逃课中的手机等因素的作用，指出了上课聊天、购物等手机因素影响了学生利用手机进行学习，特别是针对一些自制力较差的同学。上述研究尽管提到了移动学习的类似隐性逃课的具体事例，但是没有与隐性逃课理论联系起来进行仔细的分析，在理论层面还缺乏一定的高度。

在研究方法方面，袁少锋、高英（2007）从中介效应视角探讨了组织支持对员工压力的中介效应。潘发达、卢家楣（2010）利用因子分析对大学生的情绪问题进行了分析。陈学洪、刘仰斌（2012）对大学生逃课现象进行了因子分析，得出了关于逃课因素的分数体系。这些方法为我们的研究提供了思路。移动学习是利用移动平台进行学习的方式，由于发展较快，时间较短，大多数的文献研究都是来源于调研的数据，随着大数据等多方面研究的深入，相信移动学习的研究方法会逐步地多样化。

总之，从已有文献的分析来看，对移动学习中的隐性逃课研究还处于感性分析阶段，理论分析还不成熟，从研究的文献中进行对比，隐性逃课的理论研究比较长，文献比较充分，研究的理论和方法相对比较成熟，但是由于移动学习刚刚兴起，对移动学习中隐性逃课的特点、隐性逃课的教师介入的方法，还缺乏深入的研究，更不要说深入的实证分析。移动学习既不同于课堂学习，也不同于已有的电脑网络学习、远程教育，它是根植于移动平台的一种学习，尽管它给人们学习带来了方面，但是受手持终端的平面影响，移动学习的内容更加精炼，教师参与的机会更少，教学控制更难，同时研究的资料获取也更碎片化。

2.3.6 疫情后的教育模式

2020年抗击新型冠状病毒肺炎疫情期间，各级各类学校实现停课不停教、停课不停学，交出了一份有温度、有技术的答卷。在2020年5月14日教育部的新闻发布会上，教育部高等教育司司长吴岩透露，疫情带来了教育模式转变：教师的"教"、学生的"学"、学校的"管"，还有教育形态的变化。教师从刚开始的一点紧张，甚至一些抱怨，慢慢变得比较兴奋，比较从容，教师的教学信息化素养空前提高。学生学习的自主性和师生互动性高，甚至超过了面对面的传统课堂教学。在线教学不仅打破了物理上的围墙，还在一定程度上打破了心理上的围墙，从有"围墙"的大学，变成了时时、处处、人人皆可学的新教育形态。吴岩表示，我们再也不可能、也不应该退回到疫情发生之前的教与学状态，因为融合了"互联网+""智能+"技术的在线教学已经成为中国高等教育和世界高等教育的重要发展方向。下一步，教育部将会把此次大规模在线教育教学的一些生动实践转化为疫情结束后教育教学改革的重要举措，形成包括思想、理念、内容、方法、技术、标准、评价、范式等在内的一整套改革方案，以"学习革命"推出"质量革命"向纵深发展。

疫情过后学生迈入校园中，高校必然会在互联网各方面的基础建设中倾注较多精力和心力，进而加快互联网教育体系建设，使得教学生态得以重塑，给予学生及教育工作者全新的体验，营造数字化、信息化、智能化教学环境，推动教学共同体朝向虚拟化方向升级，这是高校教育变革中的重大转折点，且教师和学生也将在这次教学生态重塑中重新得以定位，摆脱以往单纯的知识传授与被接受关系，使高校教育不断健全与高端化（张煦，2020）。

2.4 "互联网+"背景下的大学英语教师角色定位研究

2.4.1 构建多元化的教师角色

周燕、张洁（2014）指出，对教师角色的外部规约、分析与其自身生成的角色认同之间所存在的错位和距离是导致教师在教学实践中时常感受到"职业疼痛"的重要原因；通过对课堂教学实践的本质解读，探讨外语教师的角色张力以及他们在外语课堂上所应起到的核心作用，提出教师在外语课堂教学的复杂情境中所应扮演的是"对话者"的角色。

林春惠（2014）、刘永莉（2017）对大学英语教学中的教师"生态角色"定位进行了研究，指出随着科技和教学理念的发展，大学生态课堂的建设越来越迫切，教师承担着生态课堂的构建、实施、引导、协调、合作等多项生态功能，教学行为影响着课堂教学的质量及效果。

钟琳、张菁、张云清（2016）基于学生视角，以实证研究方式探讨在网络自主学习环境下大学生对大学英语教师角色的期待以及对教师实际教学行为的评价。研究结果发现，学生对教师作为心理情感支持者、资源利用促进者和学习策略培训者的角色最为期待，而对教师作为学习过程监督者和学习成效评估者的角色期待较低；文理科学生在教师角色期待上无显著性差异；性别对教师角色期待产生影响，女生对教师的角色期待显著高于男生；处于不同自主学习阶段的学生对于教师的角色期待各有侧重；教师实际教学行为与学生期待之间存在显著差异，学生认为教师的实际教学行为未能满足他们的实际学习需求……

李安娜（2018）以"新建构主义"和"产出导向法"为理论基础，深入探讨了"互联网+"时代大学英语教师的角色定位，提出在"互联网+"背景下，大学英语教师的角色定位要综合考虑新的时代背景对教师提出的挑战与要求、外语学习规律、"互联网+"时代的课堂特点，呈现多元、动态的角色建构。郝建军（2015）认为网络信息技术的高度发展是大学英语教学改革的主要推动力，网络技术使学生不受时间和空间的限制，迎合、满足了学生的个性化学习需求。对此，教师需要扮演好引导者的角色，转变传统教学观念，积极掌握新教学设备的使用技术。大学英语教学改革使英语教师的角色变得更加多元化，并且给英语教师角色的重新定位提出了更高的标准。大学英语教师角色的重新定位是否能够适应改革的发展需要，这就需要大学英语教师对角色有一定的认识，掌握相关的角色技能，并对这一角色做出正确的评价。

孙先洪、张茜、韩登亮（2018）指出随着慕课的不断发展，慕课教师的角色也相应发生了较大变化。首先阐释了慕课的分类及其对应的教师角色；随后采用访谈法，对中国大学MOOC平台上参与慕课实践的13位教师进行了访谈，总结了慕课教师承担的具体角色、慕课教师的困惑和慕课实践中存在的问题；最后，分析了影响慕课有效实践的六大因素，并提出了相应的对策。他们的研究可为慕课教师开展教学实践提供了理论参考，并在一定程度上缓解了慕课教师由于角色冲突而造成的内心焦虑，从而通过自我调适更好地发挥慕课的正向作用。

吕卓童、牛健（2019）从学生视角出发探讨大班翻转课堂教学中教师角色的变化及其变化效果：学生对教师角色的转变主要聚焦在翻转课堂内，并对其持积极肯定态度；学生的问题和建议主要集中在教师作为"讲授者"和"指导者"的角色上，说明翻转课堂并不意味着全盘让学生唱主角，教师依然需要发挥主导作用，帮助学生完成深层学习或有效学习。翻转课堂对教师的个人专业业务素质和能力实际上提出了更高的要求。

2.4.2 大学英语教师课堂角色重构的问题和策略

郝强、邵荣（2020）研究发现，新媒体时代高校外语教师课堂角色重塑存在以下几个问题：重视如何教、轻视学生如何学，导致不少学生厌学情绪严重；重理性、轻人性，使课程人文意蕴流失；应试导向明显，对学生情感引导和学习过程关注不够等。大学英语教学想要改变目前的尴尬状况，必须要重视学习方法和策略指导，挖掘课程的人文价值，重视学生人格、审美和价值观培养；关注过程和情感，激发学生内驱力。高刘鑫、阚磊（2014）的研究聚焦于大学英语教师的课堂提问，认为多媒体信息网络技术时代，教师的课堂提问以及提问质量决定于教师课堂身份的定位，并提出重构大学英语教师课堂身份的必要性和策略。

陈春辉（2021）认为以学习者为中心日益成为大学英语教学中的核心理念，可以有效解决教学中存在的一系列问题。教师角色从课堂中心转向学习的促进者，可以有效解决英语学习中学生主动性缺失问题；权力平衡从教师掌控到权力分享，学习者受到尊重，会更为积极地投入学习；内容功能从被覆盖转向被利用，从而提升学习的长效性；学习责任从教师转向学习者，从而营造更为高效的学习气候；评价目的和过程从注重评定成绩到促进学习，实现了围绕学习的形成性评价体系。基于学习者为中心改造传统课堂教学，可以有效改善传统教学秩序，为大学英语教学注入新活力。信息化教学是这个时代的显著标志，已经对传统大学英语教学带来了极大的冲击，教师知识传播者的身份已不适应时代的要求。在大数据背景下，大学英语教师角色应当是学生自主学习的促进者、学习资源的挖掘者和整合者、终身学习的引领者、跨文化交流的培养者。

3

新时代的情感教学：理论的延伸

　　"新文科"一词最早是由美国的希拉姆学院在2017年提出来的，主要根据高新技术的大量出现，要求对传统的文科进行交叉教学，让重组的文科包含新技术的进步，比如新媒体、在线教育，更加注重突出文科与理科的交叉性和应用性。我国在2018年8月也提出了新文科的概念，当时，党中央在全国教育大会的前夕，提出应该建设"发展新工科、新医科、新农科和新文科"号召，按照中央的部署，教育部也在建设新工科的基础上，提出建设哲学、语言学、历史学等新文科的总体规划，2019年5月正式确立了新文科建设的部署，提出未来要"大力发展新工科、新医科、新农科、新文科，形成覆盖全部学科门类的中国特色、世界水平的一流本科专业"的思路。

　　新文科要注重新技术的运用、新教学空间的开辟以及新教学内容的充实，那么如何在这一背景下实现情感教学呢？需要首先在理论上理清情感教学与新文科的关系。

3.1 情感的意义与本质

《心理学大辞典》认为，"情感是人对客观事物是否满足自己的需要而产生的态度体验"，从某种意义上讲，情感来源于生活，在生活中人们不断进行各种活动，产生了人与人、人与物、人与空间的关系，潜移默化形成了情感。狄德罗曾如此称赞情感："只有情感，而且只有大的情感，才能使灵魂达到伟大的成就。"[①] 情感教学作为教学的重要部分，需要教师具有高度的情感黏结智慧、引导管理智慧。

教育本身离不开情境，特定教育环境也是教育的要素之一。现代的技术已经将教育的空间从教室转向了网络空间，从课堂教育转向了全时教育。聊天工具的出现，使得交流成本大大降低，家长对教育与逐渐开始深度参与。

与此同时，教育对职业的影响也越来越深受社会上的重视，在家庭财富增长的同时，家长也希望通过教育来实现家庭地位的代际传承，甚至实现家庭地位的跃迁。这些期望也都转

[①]［法］狄德罗·狄德罗文集［M］，王雨，陈基发，编译. 北京：中国社会科学出版社，1997：1。

嫁给了教育，形成了除了教育压力以外的社会压力。在此环境下的教师情感劳动的环境更复杂，劳动的难度更大，与传统的情感教学相比，发生了深刻的变化，也需要新的理论去支撑在新文科背景下的情感教学活动。

3.1.1 胡塞尔的意义空间

胡塞尔认为人的意义表达其实一部分自来于物理，一部分来源于人的心灵："如果我们假定一种纯描述的姿态，那么表达式以其含义给予生活的具体现象一方面分裂为物理现象，其中表达式以其物理方面构成了它自身，另一方面分裂为给表达式以意义的活动，可能还是直觉的满足，而且在这种活动中，构成了对表达的对象性的指称。"

胡塞尔所构建的意义空间对语言教育有着重要的意义，情感实际上是其中一种"场域"建设，它可以通过语言的表达，与人的心灵进行交流，打动人的心灵，使人们更容易获得知识。

3.1.2 情感的媒介本质

情感的"场域"效应是语言教育应该重视的重点，情感最重要的任务其实是通过这种"场域效应"打动学生的心灵，构建通过外在客观世界的桥梁，所以从这个意义上讲，情感就是媒介。

1）共同情感的构建

共同情感指特定人群基于集体记忆和价值认同对特定事物形成的相同或相似的情感体验。教学的过程实际是"通过多元表征建构共同情感基础，通过具身认知拓展共同情感，通过强化情感体验固化共同情感"。

传统的教学是在教室课堂空间里进行的，教师可以通过表情、语言、提问沟通以及动作甚至是视频材料等，构建一个基于特定人群的情感空间。基于共同的学习生活，面对相似的学习问题，学生们有着共同的生活感受，也在很多方面产生共鸣。根据胡塞尔的理论，这种相似的环境每天都折射于人的心灵，是人的内心最容易接受的东西，有的东西属于自我发现的，有些只是在潜移默化中。

教师的任务是通过建立起共同能够感受的场域，在场域内根据每个学生找出共同点，用情感的劳动，将隐性的学习活动激发起来，通过建立理解的通道，激发学习的兴趣，指引学习的方向。

共同情感的场域是学习的重要保证，也有着哲学的基础。隐性的知识只能通过潜移默化去领会，共同情感的场域有利于隐性知识的传授。

2）学生相互情感学习的桥梁作用

学习并不是教师单纯教授的过程，教师还有一个任务是建立学生之间的联系，发现他们共同的问题。学生的自主学习有着教师讲授所没有的好处，就是学生的心智理解力差不多，更能够用"自己的话语"来交流。但是，由于社会经验有限，许多学生缺乏沟通的技能。在学习方面如何相互协作也是一个重要的技巧，情感是协调的润滑剂，它在学生之间发生冲突的时候，可以起到引发宽容、理解、善良等行为的作用。

作为教师，可以是这种情感的供给者，教师在全面了解
学生的基础上，借助于一些关键学生，通过示范、指导，让一
些学生成为其中的主导者，然后逐步引领学生的共同学习。在
引领主导学生的时候，老师要用情感引发学生的关怀之心，告
诉他们共同学习的重要性，以及其他学生可能和他们产生的共
鸣，这对以后的学习很重要。

3）学校与社会的媒介

情感不仅在老师之间、学生之间很重要，在学校和社会之
间也很重要，是学校学习与社会学习之间的媒介。社会具有学
校所不具有的复杂的社会形态，各种人群、各种生活琐事构成
了一个复杂的情感矩阵。学生在学校里可以通过教师情感逐渐
认识社会中的情感，教师需要检索、聚类、整理，将成熟的情
感奉献给学生，以帮助学生去理解社会。许多问题单纯依靠知
识很难理解，特别是社会科学的问题，比如人与人之间短暂的
交往、社会群体的心理、人的贪婪造成的后果，等等，但是在
情感的帮助下，可以帮助学生运用类比、举例等方法进行理解
活动。

3.1.3 网络教学理论中的情感研究缺失

网络空间实现的教学效果，由于受到技术条件的影响，网
络空间在情感传递方面还不够完美，网络的传递导致的信号损
失难以避免。主要表现为以下几个方面。

1）信号的手段有限

教师的表情、动作等方面，由于传授的画面像素有限，不

可能全面地传递到位，传授的场景也由于屏幕的限制导致部分难以传递，教师的语言不能和画面结合起来，这就会在意义传递方面失真。因此，一方面需要进一步提高技术水平，另一方面也需要教师研究新的情感手段，借助有限的条件建立新的情感空间。

2）互动的情感传递作用有限

互动是教师与学生交流的重要手段，但是在网络条件下，语言的失真、画面的失真，使得互动反而成了负担，似乎都在完成任务。如何在网络条件下建立有效的互动成为重要的问题。在网络条件下，即使能够观察到学生表情，也难以实现同时性，往往是看到画面时，事件已经发生，很多情感活动已经过时了。

3）信号的复杂情感意义难以实现

情感是媒介，在网络教学中，情感的媒介作用难以实现，反而不如文字传达、视频播放等更加有效。但是我们也应该明白，通过视频播放传递简单的情感可以，复杂的情感是必须与教师的场面化结合起来的，复杂的情感劳动是一种高级劳动，它并不一定出自教师内心，但是好的教师会将其"表演"出来，让学生心领神会。在网络教学的状态下，教师传递复杂情感变得十分困难，通过情感感染学生、鼓励学生对问题进行积极探索也就难以实现。

教学可以分成显性教学与隐性教学服务，其中隐性的教学服务就是与复杂情感联系在一起的，水平较低的教师满足于念教材、读PPT，不需要复杂情感活动的融入；但是高水平的教师比较注重隐性的教学活动，在教学中融入自己的情感活动，用复杂的情感传递不能用语言表达的内容，与学生产生共鸣。

3.1.4 构建新的意义空间

现在教学存在的空间与课堂空间的不同，导致原有的情感教育方法存在着不适应的地方，迫切需要改进。从理论上讲，在新的网络空间中，要重新建立起教师的情感介入，必须要注意网络空间的特点，并谨慎地建立意义空间。在这里主要介绍以下几点应该注意的问题。

1）网络空间是一个即狭窄有宽泛的空间

从内容来说，网络空间受技术的限制，场景设置、互动方式，以及教师组织的各种教学计划，都不可能完全地展示给学生，因此相比教室更加拥挤和狭窄，需要教师更注意教学课堂的效率，规划好时间，充分利用与学生可以点对点接触的特点，情感教学更加直接一些。点对点有着课堂教学所没有的近亲性、私密性，可以更加直白地提供情感教学。

另一方面，网络空间又更加的宽泛，这是因为网络空间具有突破空间的特点，教师可以以在任何地点、任何时间传送资料，将教师服务延时化，供学生反复品读和体会，这与即时服务的课堂教学显然不同；网络空间还可以建立教室所没有的各种联系，任意分组、交流，可以无成本地瞬间实现在线投票、在线测试等活动，还可以远程与其他学生共同参与情感教学活动，如进行红色基地的参观等。

2）网络空间有自己的秩序规则

网络空间一开始就建立了各种独具特色的文化，如匿名交流文化、草根文化、符号化角色文化等，基于这些文化，也就形成自己特有的秩序规则。表现为以下几个方面。

一是去中心化。去中心化是一种基于互联网平等文化产生的，网络社会中的形态和内容产生的特有规则，表现为网络内容中只有点与点的链接，没有中心化的节点存在。在去中心化的网络生产中，每个人可以扮演不同角色，但是不能压制别人的意见，不能强制别人接受自己的观点。基于去中心化规则，教师应该注意教育的方式，更多地采用说服教育，不要强制让学生接受自己的观点，否则学生会因为厌恶网络空间而隐性逃课。应该充分发挥节点自由的去中心化特点，激发学生的创造性，实现教育内容的创新。

二是匿名化规则。互联网具有匿名扮演角色的特点，每个人都喜欢用网名展示自己的存在，在互联网的各种场景中，个人没有鲜明的特色就容易被淘汰，同时匿名也鼓励了学生们大胆地提出自己的看法。作为教师，应该积极主动地进行角色扮演，在匿名特色中让学生尽情发挥，并从情感上引导创新氛围的形成，形成大胆活动、人人积极发言的网络空间，还可以通过积分等激励的方式，让学生更有积极性，参与各种活动，教师可以通过各种活动，引导学生展示创新的活力。

3）网络空间情感教学的折叠性与平衡性

折叠性是说网络空间的情感交流能够快速地实现，远远大于现实的空间；平衡性则是在网络空间中情感的场域会保持一种平衡性，这是因为情感因子在网络空间更加密集，人与人之间的交往折叠严重，竞争使得每个人既能亲密交流，又不得不保持距离，实现交流的平衡性。作为情感教学来说，应该保持适度的浓度，教师可以煽情但是不能过度，因为空间的折叠性容易使得情感活动被厌恶。另一方面，情感活动必须更加创新，让学生的心灵不断被洗涤，并被教学活动所吸引。

3.2 新时代的人文关怀

教育既包括科学知识的教育，也包括人文知识的教育。进入21世纪以来，社会发生了很大的变迁，首先是我国进入高质量生活追求的时代，高质量的生活要求有高质量的教育，这是基本的人文需求，它要求教育不仅仅是满足学习知识的需要，而且也要满足人们享受美好生活、追求自我发展的需要。其次是"00后"一代进入高校，这一批学生既有独生子女的优越性，又没有受过以前的艰苦生活教育。最后是新时代的学生更加追求个性化，彰显个人的存在性，因此，在人文关怀方面也摒弃过去枯燥无味的教育方式以及统一要求的批量教育方式，要因人而异，实施个性化的教育，满足学生对教育的渴望。

从上面可以看出，目前的教育必须综合化发展，不能片面地强调升学率、考研率以及就职率等，应该满足更多的诉求，这是教育在新时代所肩负的重任。"教育的目的不在于制造基

督教徒、民主党员、工人、农民、商人，而在于培养人类的智
慧、发扬人性、完善人。教育应该促进人生的价值，即帮助每
个人聪明地、愉快地、像样地活着。""人生来是自由的，也生
来是社会性的。为了正当地运用他的自由，他需要纪律。为了
在社会中生活，他需要德行。为了最充分地发展人的本性，需
要有良好的道德的和理智的习惯。"（赫钦斯，2001）[①] 赫钦斯
的话尽管缺乏价值观的培养，但是从人性视角有一定的可取之
处。在社会主义核心价值观的指引下，情感教学的人文关怀应
该反对虚无主义的无谓宣传，以习近平新时代中国特色社会主
义思想为指导，树立起社会主义的核心价值观，激发学生从内
心出发，发愤图强为社会主义中国贡献力量的情怀，这才是人
文关怀的本质要求。

3.2.1 新时代大学生的诉求

毫无疑问，社会的就业压力、生存压力越来越大，家长和
学生对教育的要求也越来越高，社会的很多问题正通过各种渠
道进入校园，大学生时刻面临着新增的各种压力。与此同时，
新时代经济质量的提升、经济继续中高速地增长，也给当代大
学生提供了很多的机会，只要自己有一定的本领，社会就会眷
顾热爱奋斗的大学生。基于新时代学生生所面临的各种机会，
教师也应该关注大学生对教育的诉求，特别是针对课堂教育的

---

① 罗伯特·M.赫钦斯，美国高等教育［M］.汪利兵，译.浙江：浙江教育出版
社，2001：68.

各种诉求，主要有以下几个方面。

1）对自身存在感的要求

现代的大学生生长于新时代，对自己的存在感有一定的认识，并有一定的生活目的。这种情况下，教师既要考虑到学生的不成熟性，在心灵沟通时注意简化自己的语言，又要考虑到学生的自尊心，应该采用平等的、成熟的话语与其交流。互联网时代，有的学生实际上在某些方面知识掌握的深度高于教师，教师应该认识到自己只是某一专业的教师而已，务必采用谦虚和谨慎的话语与学生交流。

当然，对于学生的价值观扭曲、对现实世界认识不足的地方，教师还是要坚决地予以矫正，并以自身的行动打动学生，争取学生的理解。

2）对课堂效率的要求

现代的学生有丰富的课外辅导班，有大量网络知识资源可以浏览，许多课本知识可能早就掌握了，如果教师还根据过去一些陈旧的内容絮絮叨叨地教授课程，就会引起学生的反感。如果仍然采用过时的素材去教育学生，反而会达到相反的效果。

高质量的课程需要高质量的知识水平和教学艺术，学生面临很大的压力，对课程需求上反而很高，教师应该刻苦钻研自己的专业知识，同时相互交流，学习运用网络资源和网课技巧，用渊博的知识让学生佩服，用情感融入打动学生，高效率地完成课堂教学。

3）对情感交流的要求

学生的情感交流要求既有与教师交流的要求，也有与同学、与社会交流的要求。教师的任务并非只是完成自身的情感教学就结束，而是应该考虑学生全面的诉求。学生的压力来源于社会、学业、就业等各个方面，许多学生是独生子女，家庭条件优越，承受受挫能力比较差，需要更多关心和爱护。教师要避免采用讽刺等话语去刺激学生，应该从存在的意义视角，引导学生既要勇敢面对生活，也要超脱生活，看到困难的暂时性。

3.2.2 新时代的教师角色理论

大学教师应该注重自身的发展，在新时代社会主义事业中找准自己的定位。

1）强化培植健康心灵的园丁角色

在当今世界复杂多变的情况下，教师应该运用自己的心理学、教育学和专业知识，既要呵护学生，同时又应该鼓励学生，积极探索外部世界，建立起保护学生思想不被侵蚀的防火墙。

教师应该加强新时代形势与政策的学习，认真领会国家的政策，在一些与外语相关的方面，比如一带一路的建设、国家金融开放以及自贸区建设等，发挥外语特长，通过对关键词汇的理解，发挥中外文化的桥梁作用。

2）树立为国创新知识的科研角色

科研也是教师的本职工作，没有好的科研基础就难以保证教学的深度。在新时代，教师应该利用自己所学的知识积极参与社会工作。教师通过科研能够更加深刻地了解新时代社会变

迁的问题本质，更容易在情感教学中把握与学生的共情，建立
共同的情感场域，并通过情感场域精心地组织学生参与社会活
动，初步认识社会。学生参与科研活动也是认识社会、使心灵
更加成熟的有利机会，通过对社会的调研分析，剖析在新的发
展格局下社会经济的问题本质，更好地理解党的路线、方针、
政策。

3）坚定文化自信的宣传者角色

教师要做好文化自信的模范，从中国文化中找素材，树立
中华民族崛起的坚定信念，并结合现实案例宣传中国文化。

经过五千年的洗礼，中华文化中的精髓经得起磨难的考
验。老师要积极地宣传中华文化，在课堂上讲授中华文化的精
髓，并通过情感教学引领学生掌握中华文化。

3.3 机器与人：情感在多媒体中的中介作用

3.3.1 机器与人的关系

世界正在逐步走向人工智能时代，在人工智能时代，教学有可能被AI化，网上教学内容也更加人性化，教师的工作会逐渐被代替，一些教师甚至面临下岗的可能性。人工智能可以更精准地选择适合学生的教学内容，真正做到一对一的辅导，并能够利用大数据获得学生兴趣和社会需求的信息，配置教学内容，追踪最前沿的知识，确实有着人所不能比拟的优势。

"教育与机器的关系及其内在机制这个命题，会使人类和世界更加需要教育，需要教育去研究和思考为什么存在、为什么教、教什么、培养什么样的人、人类的未来是什么等涉及人与社会发展的一系列根本性问题。""学校概念的边界与外延被突破。教育、教学、学习逐渐成为线上线下融合（OMO）的活动，移动终端、新型通信技术与增强智能会彻底改变人们的教育、学习组织方式。像流水线一样的标准化的传统学校组织方式被颠覆。现实场景学习与虚拟学习共存，课堂学习与移动学习结合，制度化学习与非制度化学习平分秋色。教育与学习等实践活动的要求、结果和效果都需要新的标准。"

在机器与人的关系中，情感作为人类所特有的东西，能够直达学生的心灵，更好地为学生所接受，会通过教师的劳动，将机器带来的教育更加人性化，情感是机器与人的中介。作为教育需要新的变革，"现代教育学理论体系基本上是以工业时代为基础建立起来的。其基本价值、基本概念、基本观点、理论体系与方法论体系在解释数据时代教育与机器的发展、教育与人的发展、教育与社会发展的新问题时往往力不从心，不得要领。我们需要探索建立信息化教育学（或称为算法教育学、计算教育学）的基本理论体系。"

3.3.2 全球化视角的英语教学

从全球化视角来看，英语作为世界性通用语言仍然起着重要的作用。英语的教学作为国际交际能力的重要基础，逐步为世界各国所重视。

当前英语教学的基本趋势是基于构建主义的"CLIL内容与语言整合教学法（Content and Language Integrated Learning）"，意思是英语教师在讲课中不仅仅是讲语法、讲单词，还要讲授相关的知识内容，并融入情感教学因素，这是世界的教学趋势，也是中国主要的教学趋势，在情境中学习英语，既轻松又高效率，而且与现实贴近紧密。"CLIL内容与语言整合教学法（Content and Language Integrated Learning）"是基于构建主义教学理论和认知主义心理学理论的原则设计的，其特点是完全以英语学习者为中心，并注重学习者需求的多样化，将其放在第一位。

当然，张豫、张权（2004）也指出，在讲课中，英语不可避免地受到非母语使用者的文化、语言、地域乃至个人特征等诸多因素的影响，形成各种英语变体。由此引发的问题是：世界各地的英语教学该教授什么样的英语？作为中国英语教师，我们应该如何看待"中国式英语"？我们应该以社会语言学和应用语言学原理为理论依据，分析中国英语教学的现状及英语在我国国际交流中的实际需求，探讨"中国式英语"存在的必然性和合理性。英语的全球化及本土化既给中国的英语教学带来了生存和发展的机遇，也给中国的英语教学带来前所未有的挑战。在英语全球化的大环境下，我国的英语教学必须与时俱进，适应这个大形势，及时转变思路。当然，从历史上看，语言与国家兴衰联系在一起，当前英语的全球地位也并不是无懈可击。

汉语中对情感的描述是相当细腻、委婉的，有着鲜明的中国特色；相反，英语中更重视逻辑和直接表达。在英汉翻译中，如何用英语表达中国汉语的意思，就是一个难点。教师在讲授英语时，应该积极地探索情感的语言互译问题，同时也是将中国文化在英语中的宣传，帮助学生理解中国文化的博大精深。

3.4 机器与教师的职业生命周期

3.4.1 在线教育发展历史

回顾网课的发展过程，主要是围绕着参与性来展开。早期的网课受制于计算机的各项技术，采取的形式主要是录制录像然后再上传的方式，教师和学生的参与性都不强，完全是被动式的资料展示。

2000年以后，以"三分屏"为代表的视频课件，可以更好地利用多媒体技术，展示教师的教育艺术，突出课堂的多资源动员特点。但是，"三分屏"没有解决学生的参与问题，依然是网课的初级阶段。教育部高等教育司于同年推出了《关于启动网络课程教学试点的通知》，同时在中国人民大学、北京交通大学等19所院校的25门课程中展开网络教学，拉开了中国网络教学的序幕。2011年，教育部启动了《教育信息化十年发展规划》的编制，同年在北京召开了中国国际远程教育大会，上海蓝卓、科大讯飞等科技互联网公司开始加入在线教育，E-Learning各项互动技术逐渐引入，同时基于安卓平台的移动互联网教育也开始走入教育的视野。2008年Dave Cormer（加拿大）和Bryan Alexander（美）正式提出了关于慕课的概念，2014年清华大学在慕课平台上推出了马克思主义基本原理课程，参与的人数突破了2.4万，慕课技术为网络课程的大规模发展提供了技术支持。伴随着2016年进入直播时代，教育开始建立直播平台，实现了教师与学生的互动，在线教育最终实现了与教室教育一样的体验感，各种软件、直播平台扩大了规模，突破了教育空间的束缚，在大规模教育的情况下，教育资源的巨大投入也可以变现了。教育资源的可变现性激励了在线教育的发展，从第一代的师生技术连接技术（专注于师生的连接），到第二代的数据识别技术（通过数据筛选可用的教育资源，提高学习效率），发展到现在的人工智能技术，通过对学生的学习数据分析，对学生学习路径进行了优化。技术的提高为在线教育提供了发展的更大空间，但是也给教师带来了挑战。

从人力资本的形成视角，我国从20世纪90年代开始普及计算机教育，由于人工智能的发展依赖于深度学习算法、大数据积累和计算机能力的增强，其中深度学习的概念最早在2016年才由Hinton等人提出，客观存在的时间鸿沟在现实中形成了代际的数字鸿沟，一些年纪偏大的老师在技术方面难免会落后。原来课堂学习的情景设计、教师引入、课堂学习引导以及课堂管理、群体学习等一些经验化的东西被数字化，重复性教学活动逐渐成为数据计算行为，一部分教师的职业生涯面临前所未有的冲击。与此同时，缺乏数字技术的课堂管理，也使得学生的学习高度依赖于自觉性，出现了学习中的"隐性逃课"。在线数字教育中的数字鸿沟问题是网络时期教学遇到的一种新现象，也是现代教育手段的新问题，是教师职业生命周期受到技术性冲击的结果。本书以在线数字技术冲击为背景，分析教师的数字技术教育职业生命周期如何受到威胁，提出必须通过提升数字素质，提高在线教育中的吸引力，减少学生在线教育学习中隐性逃课的问题。

3.4.2 教师的生命周期与在线教育的关系

1）职业生命周期研究的视角

教师与其他职业一样，具有各种发展的时期。其中休伯曼（Huberman，M，1993）是从社会心理学视角，指出教师职业生涯包括入职期、稳定期、实验和歧变期、平静和保守期、退出教职期五个时期，每个阶段时间不一样。美国教育家福勒根据教师重视的焦点不同，将教师职业生涯分成关注情景、关注自身发展和关注学生三个时期，突出了生命演变与职业演变的结合；费斯勒（Fessler，1985）提出动态周期理论，分成职业前期、职业初期、建立能力期、成长期、挫折期、稳定期、消退期和引退期等，重视学校环境与个人发展的结合；进入20个世纪80年代，教师周期的研究开始重视教师的个人素质提升以及技术的冲击效果，伯林纳指出教师的职业发展实际上就是教师教育专长的发展，应该帮助教师具备基本的教育技术，积极应对教学情境在新技术冲击下的变化。我国对教师发展的研究相对还存在不足，对教师如何应对教育情境变化冲击，还是停留于新手—专家型的研究，主要是从教育学里面进行推进，没有联系心理学、社会学、生态学等知识进行分析，也没有提出周围环境对教师的心理支持问题（张琳，2018）。尽管在具体教师发展、教育目标设定上存在着共识，现实中教师的职业认同、教育理念、教师道德等的培养还存在实践方面的不足（林立达、马莉婷，2018）。

2）在线教育对职业生命周期的冲击

影响职业生命周期的因素较多，有些属于社会因素，有些是心理因素，苏慧指出如女性教师在高校中存在着从职业到家庭、社交等方面的影响，限制了教师的发展；唐进指出外语教师存在的职业倦怠的现象，教师的职业认同在学习共同体中具有显著的中介效应。由于技术冲击改变了教育的情景，学者们也开始关注教育技术进步对教育工作者生命周期的影响。如许亚锋、陈卫东等指出学习空间的变换、学习科学重新被重视以及建构主义渗透入学习理论，带来学习的新革命，导致教师必须与时俱进，适应教学空间转换为学习空间的变化；李晓文、叶伟剑提出大学的教育空间已经发生了根本性变化，教师只有适应这种空间的变化，才不会干扰自己的职业生命周期。

一些老教师教育经验丰富，课堂节奏、内容把握相当娴熟，但是由于数字技术落后，在线教育手段难以满足学生的期待，造成了职业生命周期提前缩短，甚至被迫退出课堂教学，教育经验难以实现，成为教育的一大损失。老教师难以享受数字红利，是当前职业生命周期出现的一个重要问题。

3）代际数字鸿沟已经是一种普遍的社会现象

目前，"非接触经济"被强化依赖，代际数字鸿沟就开始引起全社会关注，一个简单的例子就是一些老年人不会使用智能手机，导致了出行时没有办法提供健康码，使用公共交通工具难度加大，看病更是麻烦，代际数字鸿沟已经客观地出现在社会上。随着城市化、智能化与老龄化的同步到来，技术发展越来越快，老年人面临的数字鸿沟问题也将越来越大。社会各个领域的老年群体可能在未来的数字化、智能化生活中，越来越被边缘化，这已经是社会的普遍现象。

教育界是知识高度密集型的行业，数字鸿沟不仅在青年教师和老年教师之间存在，甚至是教师和学生之间也存在着数字鸿沟，一些学生数字技术非常熟练，并在自己的社群快速进步，在线教育的一些技术轻松可以掌握，而老师缺乏特定社群和技术敏感性，这就可能导致师生之间的数字鸿沟，不能满足学生期待，课堂质量下降。

4）在线教育中代际数字鸿沟的历史与现实原因

① 普及教育有代际差异。1984年2月16日在参观上海展览馆时，邓小平同志提出"计算机普及要从娃娃抓起"。由于条件限制，当时普及计算机教育的并不多，比如1982年只是在5所大学附中开展了计算机教育，教师计算机教育的差异，也造成了在线教育的特殊现象，就是青年教师技术高，但是教育经验缺乏；老教师有经验，但是缺乏技术，这种状况限制了在线教育质量水平的提高。② 在线教育技术更新太快。计算机的教育普及经历很长时间，计算机的硬件和软件更新确非常快，与此同时，软件也越来越复杂。杨宗凯（2018）将教育技术分成教育信息化1.0时代和教育信息化2.0时代，在教育信息化1.0时代，以2012年的《教育信息化十年规划》作为开始，在这十年规划中，主要是硬件补课为主，包括校校通网络、班班通课

程、人人通网络学习空间等"三通"。教育信息化2.0时代，移动学习的App、智能化学习等进入在线教育，技术数字化需要大量的"数字教师"，积极构建数字空间共同体。

5）技术冲击教师生命周期的检验

中国人民大学中国调查与数据中心（NSRC）的中国教育追踪调查（CEPS）规模较大，范围较广，有一定的数据客观性和代表性。

（1）职称。尽管标志职业进步的因素很多，但是作为主要的标志性变量——职称，还是老师最关注的事情。职称的提高，被认为是职业生涯的重要标志之一。这里作为因变量使用，考察人们的生命周期与职业周期是否具有一致性。

（2）年龄。采用调查表中的年龄一项作为自变量。知识的积累应该与年龄的提高一致，随着年龄上升，职称应该越来越高，但是现实中不可避免有一些"掉队"的因素，比如互联网使用的缺失等。技术冲击是"掉队"的主要原因之一。

（3）技术冲击。这里将在线教学、在线互动和多媒体运用熵值法做成技术冲击的指数，衡量技术冲击对职业生命周期的冲击。

（4）学历。学历是职业生命进步的影响因素之一，这里将学历作为一个控制变量。

（5）教龄。与年龄一致，教龄越高晋升的机会就越多，但是教龄与年龄并不同步，因为入职的时间并不一样。

（6）制度偏向。年龄大的老师会受到学校制度上的照顾，因此，将是否在学校受到尊重引入模型之中。

表3-1　变量的描述分析

变量	观测值	中数	标准差	平均值	峰度	偏度	变异系数
职称	784	3	1.015	2.639	0.859	−0.884	38.465%
技术冲击	791	4	0.907	3.831	0.282	−0.702	23.667%
年龄	775	38	7.763	38.231	0.358	0.297	20.304%
教龄	772	16	8.629	16.119	−0.132	0.347	53.533%
学历	787	5	0.752	5.372	−0.519	−0.209	13.989%
制度偏向	765	4	0.618	4.319	3.004	−0.901	14.318%
是否师范	788	1	0.271	1.08	7.651	3.103	25.130%
工作稳定	773	1	0.321	1.116	3.004	−0.901	14.318%

　　模型计划分两个步骤，一是年龄与职称的"自然关系"的验证，考察年龄是否与职称存在正向关系；二是加入技术冲击变量，考察技术冲击作为调节变量加入后的年龄与职称关系的演变，是存在正向调节还是负向调节。

表3-2 调节效应分析表

调节效应分析结果（n=725）

	模型1				模型2				模型3			
	B	标准误	t	p	B	标准误	t	p	B	标准误	t	p
常数	3.662	0.246	14.859	0.000**	3.728	0.246	15.13	0.000**	3.726	0.245	15.223	0.000**
制度偏向	0.081	0.041	1.981	0.048*	0.059	0.041	1.44	0.15	0.065	0.041	1.591	0.112
教龄	0.027	0.006	4.309	0.000**	0.027	0.006	4.215	0.000**	0.024	0.006	3.802	0.000**
是否师范	-0.422	0.09	-4.692	0.000**	-0.416	0.09	-4.645	0.000**	-0.414	0.089	-4.646	0.000**
工作稳定	-1.216	0.081	-14.998	0.000**	-1.188	0.081	-14.611	0.000**	-1.171	0.081	-14.45	0.000**
年龄	0.041	0.007	5.773	0.000**	0.043	0.007	6.016	0.000**	0.047	0.007	6.559	0.000**
技术冲击					0.079	0.028	2.821	0.005**	0.084	0.028	3.012	0.003**
年龄*技术冲击									0.01	0.003	3.212	0.001**
R^2	0.57				0.575				0.581			
调整R^2	0.567				0.571				0.577			
F值	F（5,719）=190.518, p=0.000				F（6,718）=161.628, p=0.000				F（7,717）=141.811, p=0.000			
$\triangle R^2$	0.57				0.005				0.006			
$\triangle F$值	F（5,719）=190.518, p=0.000				F（1,718）=7.960, p=0.005				F（1,717）=10.320, p=0.001			

因变量：职称

*p<0.05**p<0.01

从上面的数据分析可以看出，年龄与职称之间存在着显著的正向关系，这与教师成长的一般职业生命周期规律一致，越是年龄大的人职称应该越高。技术的进步对职称的进步有着正向调节作用，也就是教师使用多媒体等技术的情况，可以加快职称的进步，可见教师的职业生命周期与技术进步有着显著的正相关关系。

另外，是否尊敬老教师、教龄都和职称的进步正向相关，但是一些安逸性的因素，如工作稳定有事业编、是否是师范毕业等，也在一定程度上有所影响。

6）措施与建议

综合以上看出，教师的生命周期与技术的进步之间的确有着密切关系，一些教师在网络时代不能掌握先进的教育技术，不能在教研活动中体现在线课程的优势，是职业生命周期难以持续的主要原因。进行在线教育的培训，是防止教师被淘汰、出现断层的主要方法。从政策上，应该进一步采取以下一些措施：① 加强培训，提升教师的在线教育水平。老教师网络知识匮乏，多媒体技术落后，应当强化教师的培训，加强老教师的实践操作能力，只要培训者付出耐心，还是可以能够让老教师掌握一些基本操作，适应一般的在线教育要求的。② 降低在线教育、多媒体的操作门槛。现代技术的发展，可以让很多的多媒体等操作变得简单易懂，降低操作的难度。当然，这需要技术设计者付出更多的劳动。联合国贸易与发展会议发布的《2019年数字经济报告》，呼吁全球共同努力，缩小数字鸿沟，让更多人共享数字经济发展成果。我国在创新、协调、绿色、开放、共享的新发展理念指引下，也在积极推行一些低门槛的数字技术，以适应老年人使用的要求。在2021年3月的全国人大会议上，人大代表、小米董事长雷军也提出了关于降低数字经济门槛的建议："运用智能技术帮助老年人更好地融入数字生活。"教育应该率先降低数字门槛，实现在线教育的普惠性，让更多的老教师可以使用在线教育。③ 发挥老教师的教学经验优势，充分提高情感教学劳动价值。老教师在教学经验方面，有着机器所无法比拟的优势，特别是情感教学的方面，能够深入浅出地运用情感教学将知识传送给学生。但是在现行的很多评价制度中，教师的情感劳动、经验知识没有得到尊重，一些学校片面的追求赶时髦、追指标，对于难以量化的教师经验视而不见，导师一些老师在教育评价、职称晋升中不占优势。改革教育评价制度，应该注重让老师们各自发挥自己的优势，人尽其才，各显其能，提升教育质量。因此，目前应该改变那种以论文作为标杆、追求在线教育指标、忽视老教师劳动的做法，应该发起自上而下的改革，克服指标治理教育的弊端，强化以人为本，突出学生评价的作用，提高经验性知识的地位。

4

研究设计和方法

4.1 研究问题

本研究试图解决如下问题。

（1）在课堂教学过程中，大学英语学生情感过滤的英语教师归因因素有哪些？这些教师因素如何相互作用，如何影响学生的情感过滤状态的？

（2）大学英语教师归因因素对大学一、二年级不同群体学生的情感过滤是否有不同影响？如果有，有哪些不同影响？

（3）大学英语教师情感教学理念和实际教学行为的现状如何？现状的存在原因是什么？对大学英语教学有何影响？若是正面影响要如何继续推进，若是负面影响该如何改善？

（4）大学英语教师应如何实施情感教学，才能减少或杜绝学生的情感过滤行为？

4.2 问卷调查

本研究采用目的性随机抽样方式，选取山东的四所样本高校，分别是综合类的临沂大学和济南大学、专业型的山东财经大学、师范类的山东师范大学。对样本学校的大学英语教师和大一、大二学生进行分层抽样。

4.2.1 面向学生群体的问卷调查

面向学生群体的问卷调查分两个阶段，首先是于2019年4月份开展开放式问卷调查。选择4月份进行问卷调查是因为，大一学生经过上学期的学习、考试，对大学英语学习有了自己的体验、思考，对未来的学习也会有自己的规划和期待。开放式问卷只有一个问题：您认为大学英语教学过程中存在哪些问题影响你的英语学习兴趣、动机、自信等情感状态？随机向大学一、二年级非英语专业学生发放问卷500份，收回有效问卷366份。经过分析整合，初步了解了大学英语教学面临的困境概况，共得到19个目前学生公认的大学英语教学中存在的问题。

其次是封闭式问卷调查，笔者依据之前相关研究设计了"大学英语教学对学生学习情感的影响"调查问卷，该问卷由在开放式问卷调查中得出的19个教学问题组成，在正式发放调查问卷前，进行了一次试探性试验，以保证问卷的科学性，并依此对问卷进行了适当修改。封闭式问卷调查在2019年5月间进行，随机向非英语专业一、二年级学生发放问卷300份，收回有效问卷267份。

表4-1　学生群体问卷调查的基本情况

	一年级	二年级	男	女
开放式问卷调查	192	174	168	198
封闭式问卷调查	157	110	112	155

4.2.2 面向教师群体的问卷调查

教师群体的问卷调查于2019年6月～2019年8月间进行，对教师的学生观、教学观、评价观等教学理念和实际教学过程中体现的教学目标、教学方法、教学内容、教学手段、教学评价和师生关系等进行调查。发出调查问卷200份，收回有效问卷共152份。

4.3 问卷统计分析

4.3.1 学生问卷统计分析

用统计软件SPSS（13.0）对问卷数据进行分析。

（1）描述统计量。以了解数据全貌，决定数据适合哪种检验。

（2）因子分析。用来找出大学英语教学影响学生学习兴趣、动机、自信等情感状况的主要因子。

（3）信度分析。验证问卷题项和提取的因子是否具有很高的信度。

（4）独立样本T检验，验证每个主要因子对一、二年级两组学生情感影响是否有差异，如果有，差异具体表现在什么方面。

（5）访谈，分别对一、二年级的学生进行访谈，进一步发现每个因子对一、二年级两组学生情感状态影响的差异表现。

4.3.2 教师问卷统计分析

对教师问卷中的数据进行描述性分析，理清教师的教学理念和教学行为的现状。

5

问卷统计分析和访谈结果

在"互联网+"信息时代背景下，多媒体辅助大学英语教学受到广泛欢迎和使用。各种教学资源、教学模式的广泛运用，激发了学生的学习兴趣，教与学在科技的辅助下变得更加灵活，教学质量得到了大大的改善。除了这些令人欣喜的发现，更重要的是发现当前大学英语教学中存在的一些迫切需要解决的问题。基于之前的问卷调查、描述性分析、因子分析、独立样本T检验、访谈等，可以发现如下问题。

（1）大学英语学生情感过滤的教师归因因素主要集中在以下三个方面：教学方法和内容、教师教学情感和激发学生情感能力、教学管理。这些因素互相联系，构成一个情感教学系统，对学生的学习兴趣、自信、焦虑等情感状态产生影响，进而影响学生的情感过滤状态和学习成效。

（2）教学方法和内容、教学情感和能力、教学管理这三个方面对大学一、二年级学生的影响均有显著差异。一年级学生对教师的依赖、期待较高；二年级学生对教学形式、教学内容的创新、课堂互动交流有较高的需求。

（3）教师在实施大学英语教学过程中，常常存在知而不用的现象，情感教学理念并没有很好地贯彻到教学行为中，出现脱节现象。

5.1 描述性分析结果

首先，通过对问卷中的数据进行描述性分析，结果显示大多数题项的均数都在2.5以上，正偏态分布。这说明学生不同程度地同意大学英语教学中存在的这些问题，同时也说明大学英语教学中存在的问题是复杂和多维度的，有必要进行因子分析，抽出几个共同的因素。

表5-1　19个题项的描述性数据

题项	均数	标准差	偏态值	峰值
T1	3.5584	1.10206	−0.894	0.079
T2	3.3333	2.59430	12.209	183.521
T3	3.0547	2.61734	12.137	180.594
T4	3.0730	1.16503	−0.017	−1.004

题项	均数	标准差	偏态值	峰值
T5	2.5657	1.16310	0.381	−0.923
T6	3.1642	1.20349	−0.320	−1.011
T7	2.7336	1.11525	0.238	−0.753
T8	3.0109	1.19364	0.031	−1.166
T9	2.7336	1.21883	0.400	−0.906
T10	2.3029	1.13205	0.818	−0.173
T11	3.1277	1.22329	−0.282	−1.056
T13	3.3832	1.16852	−0.548	−0.559
T14	3.0989	1.15416	−0.108	−1.037
T15	2.0839	1.19073	1.056	0.156
T16	2.2555	1.14852	0.759	−0.289
T17	2.9781	2.01448	9.902	136.763
T18	2.4197	1.10731	0.465	−0.739
T20	2.8431	1.09319	0.027	−0.918
T7	2.7336	1.11525	0.238	−0.747

5.2 因子分析结果

接下来，通过两次因子分析，对剩余的18个问题因子进行了主成分分析，提取了3个共同因子，对提取的3个因子和全部变量分别进行信度分析，得出信度系数分别是0.840、0.842、0.678，这说明测量结果具有很高的信度。表5-2显示提取的因子及信度系数、问卷题项及负荷量。

表5-2　问卷题项及负荷量

因子及信度系数	问卷题项	负荷
教学方法和内容 α =0.840	T10. 基本没课堂活动、课堂气氛沉闷	0.813
	T1. 知识陈旧、教师授课不能联系时事热点	0.788
	T11. 讲课形式传统僵化、固定：单词、语法、练习	0.660
	T6. 上课内容不实用，对考试、就业或出国帮助不大	0.631
	T14. 讲课涉及知识面不广，上课内容与专业没联系	0.604
	T2. 讲课满堂灌，缺乏引导、启发	0.589
	T8. 老师与学生的课上课下互动、沟通	0.547
教学情感和激发学生情感能力 α =0.842	T15. 教师上课缺乏激情，死板，没有感染力	0.799
	T16. 教师讲些与课程无关的内容，偏离教学任务	0.757
	T12. 教师知识渊博，很好开阔学生视野	0.714
	T3. 课件没吸引力、网络平台不能充分利用	0.673
	T9. 教师不了解学生的掌握程度、不注重因材施教。	0.653
	T17. 老师与学生缺少课上课下互动、沟通	0.644
	T18. 教师语言基本功一般	0.388
	T13. 教师认真负责，尊重学生需求并关注学生专业和英语的关系	0.526
教学管理 α =0.678	T5. 课堂人多，可以隐性逃课，老师也不太关注	0.795
	T4. 老师很少离开讲台	0.687
	T7. 提问、检查少，作业、考核少	0.599

第一个因子包含7个问题，其中问题10、11、2、8与教师的教学方法有关，问题1、6、14与教学内容有关；第二个因子

可以概括为教师教学情感和激发学生情感能力；第三个因子反应的是教学管理问题。

5.3 大学英语教学对不同群体学生的影响差异比较

5.3.1 大学一、二年级学生对教师教学存在需求差异

　　大学英语教学中存在的问题对一、二年级学生的影响是否有差异？如果有，有哪些不同影响？为此我们对这三个因子和一、二年级两组学生做了独立样本t检验。结果显示，因子1：p=0.021<0.05；因子2：p=0.0：00<0.05；因子3：p=0.017<0.05。这说明三个问题因子对一、二年级两组学生的影响都有显著差异。也就是说，教师教学方法和内容、教师教学情感和能力，以及课堂管理问题对一、二年级学生的影响差异很大。为了进一步分析这三个因子对一、二年级学生情感过滤的影响有什么具体差异，我们分别从一、二年级参加有效问卷调查的学生中选取15名学生进行个案访谈。表5-3是15名访谈对象的基本情况，学生名字用大写字母代替。

表5-3 访谈对象的基本情况

名字	性别	学习英语时间	年级	年龄
A	男	10	1	18
B	男	11	2	19
C	女	12	1	17
D	女	13	2	19
E	女	6	1	19
F	男	7	2	21
G	女	11	2	21
H	男	6	1	19
I	女	9	2	21
J	男	12	1	18
K	女	13	2	18
L	男	13	1	19
M	男	9	2	20
N	女	14	1	20
O	女	10	2	18

以下是部分访谈记录，能充分表达大学一、二年级学生不同的感受和学习需求。

我崇拜知识渊博的老师，不仅能从老师身上学到知识，更能激发我求知的欲望。（C，大学一年级）

老师的发音真标准，很好听，我喜欢听她讲课。（H，大学一年级）

我们老师特别亲切，感觉上她的课很舒服，不紧张。但是老师似乎不太擅长制作PPT，感觉课件没吸引力。（E，大学一年级）

我们老师很严肃，有些古板，不爱提问，课堂有些沉闷。（C，大学一年级）

我们老师很幽默，充满活力，上他的课感觉很振奋。（L，大学一年级）

有时上课电脑不太好用，老师不会，找我们调试，其实是很简单的问题，电脑问题太浪费课堂时间。（L，大学一年级）

我喜欢英语，梦想自己能拥有流利标准的口语，即使视听说课也只是看和听，很希望老师能多些口语活动。（O，大学二年级）

我们老师是位女教师，虽然年龄稍大，50岁左右吧，但很可爱，自己特爱学习，给我们讲英语对出国、考研、工作的重要性，注重英语和我们未来发展的联系。（I，大学二年级）

老师总是站在讲台上按顺序讲课件，多希望老师能走下讲台、脱离课件，和我们交流。（M，大学二年级）

老师上课就是讲单词、翻译课文，感觉自学也能学好。（B，大学二年级）

好希望老师能少讲课本，多拓展一下出国、就业等方面的英语知识。（G，大学二年级）

最怕老师不停地读课件，让人昏昏欲睡，很多课件内容就在书上，希望老师能补充一些课外知识。（I，大学二年级）

可以看出，以上三个方面对一、二年级学生的影响均有显著差异。一年级学生对教师的依赖、期待较高，二年级学生对教学形式、教学内容的创新、课堂互动交流有较高的需求。

5.3.2 一、二年级学生对教师教学的需求差异原因

二年级学生比一年级学生更注重讲课内容的实用、讲课形式的创新和教师的感染力。经过一年多的大学英语学习，二年级学生对大学英语的教学模式、教材的内容结构、教师、考核等已经很熟悉，一成不变的教学使课堂沉闷，情感过滤的产生是必然的结果。另外二年级学生已经开始冷静思索英语在他们以后学习、发展中的作用，他们更希望接触对考试、出国、就业等有帮助的使用内容，而单纯一本教材是无法满足学生的需求的。相对于二年级学生来说，一年级学生对大学英语教学处于慢慢熟悉的过程中，他们要求变化的迫切性要弱些。

一年级学生比二年级学生更关注教师的教学情感和能力对他们的影响。一年级学生对大学的生活环境和学习环境充满着新鲜感和神秘感，中学时形成的对教师的依赖感还没有消除，比二年级学生更在乎教师的英语基本功、教师讲得是否透彻明白、教师上课是否很投入等，他们大多认为只有教师教得好，他们才能学得好。而二年级学生已逐渐摆脱中学时形成的一些依赖心理，慢慢修正不恰当的英语学习观念，对教师的教学持有较理智的态度，他们有自己的学习计划，已学会运用适合自己的学习方法自主学习英语。

进入二年级后，学生越来越认识到语言的应用性，内心希望提高自己的英语实际运用能力，愿意与教师多互动交流；同

时，随着课程难度的增加，加上学生准备四、六级考试，教师可能会减少课堂活动时间，这就产生了矛盾，导致部分学生情感过滤。

5.4 情感教学理念和教学行为脱节问题

在对教师的调查问卷中，共有以下几个问题考察教师的学生观、课程观和教学观。① 教师不要经常和学生开玩笑，有损师道尊严。② 教师要尽量在有限的时间内讲授更多的知识。③ 授课内容主要是教材，要按照教材顺序讲解。④ 教材配有课件，没必要再自己制作课件。⑤ 要培养学生运用英语的能力，多组织课堂活动。⑥ 学生不配合课堂活动，要采取各种方法激励学生，使其积极参与。⑦ 教师在课堂的作用是引导、启发，要培养学生的自主学习能力。其中，题项①考察的是教师的学生观；题项②③④考察的是教师的课程观；题项⑤⑥⑦考察的是教师的教学观。

表5-4 各题项的均数

题项	T1	T2	T3	T4	T5	T6	T7
均数	1.23	2.14	1.76	2.22	4.5	4.6	5

从以上均数可以看出，教师们有科学的教学理念意识，认为师生间关系应该是和谐的朋友关系，课程的教学目的是

培养学生们的综合运用能力。在教学过程中，使用教材但并不依赖教材，对于课堂活动，教师明白要积极激发学生，鼓励学生参与。

在实际教学过程中，严格贯彻教学理念了吗？在另一份调查问卷中，有以下几个问题来考察教师教学现状：① 你上课唱走下讲台和学生交流吗？② 你经常提问、组织小组活动、角色扮演吗？③ 你会尽量把课文的细节讲清楚吗？④ 你经常补充教材以外的教学内容吗？⑤ 你擅长使用多媒体技术吗？⑥ 学生经常向你提问题吗？⑦ 你会精讲词汇、语法吗？

表5-5 各题项的均数

题项	T1	T2	T3	T4	T5	T6	T7
均数	1.5	2.5	4.6	3.2	3.5	1	4.5

从以上均数可以看出，教师们虽有科学的教学理念意识，但并没有在教学中严格实施，教学理念和教学行为存在脱节问题。科学的教学理念会促进学生的英语学习情感，而理念和现实的脱节就直接导致了学生的情感过滤，逐渐产生隐性逃课现象，进而损害大学英语教学质量和教师形象。

6

大学英语情感教学存在的
问题及原因分析

什么是最好的本科教育？北京大学校长林建华认为：最好的本科教育根本上是能充分释放师生的学习热情和创造潜力的教育。课堂上是教育的主要阵地，课堂一端连着学生，一端连着国家的未来建设，改革只有深入课堂内部，打破存在多年的问题，才能从根本上直面问题，解决问题。2018年6月，教育部部长陈宝生在新时代中国高等学校本科教育工作会议上首次提出"金课""水课"的概念；随后，"淘汰水课、打造金课"被正式写入教育部文件。《教育部关于狠抓新时代全国高等学校本科教育工作会议精神落实的通知》指出，要全面梳理各门课程的教学内容，淘汰"水课"、打造"金课"，合理提升学业挑战度、增加课程难度、拓展课程深度，切实提高课程教学质量。所谓"水课"，就是没有太大价值而又浪费时间的课，是教师不用心上的课。通俗点说，就是这种课很"水"、很低阶、内容陈旧、没有创新价值，学生在课堂学习中没有什么收获。相反"金课"就是有高阶性、创新性和挑战度的课，既能培养学生发现问题、解决问题的能力，又能够因材施教，实现个性化教学。

也就是说，衡量一门课程是否是"金课"，要看教学内容、创新价值、教师的用心程度等方面。那么，从这几方面考量，大学英语是不是"水课"？如果不是"水课"，我们该如何打造大学英语"金课"？根据以上学生视角和教师视角的研究结果，可以看出，大学英语教学存在着很多问题，教学缺乏的不是技术、资源的支持，而是师生间的情感互动和彼此的情感支持，师生间情感的相互支持具体体现在教学过程中的方方面面，包括教学内容、教学方法、教学评价等。归根结底，情感教学就是在教学内容、教学方法、教学评价等方面注入情感，激发学生学习兴趣，使学生不仅在知识能力的认知上得到提升锻炼，更能获得情感教育，塑造积极向上的人生观、价值观和世界观。

6.1 教学内容

6.1.1 教学内容忽略中国文化

目前，国内大学英语通识教育分为读写译和视听说两门课程，分别依托相关的教材。教材内容都是西方国家英文原版资料，包括西方文学、电影等作品，以及日常生活的音频、视频等。学生在日常的学习中潜移默化地受到西方文化的影响，忽略了中国优秀传统文化的语言学习，可能会产生盲目崇拜的思想。大学英语教学的目的是让学生能综合运用英语，为我国的社会主义建设服务。跨文化交际的内涵不是指单向地输入西方文化，而是双向的相互交流，更重要的是传播中国优秀传统文化，提高我国在国际上的影响力和地位。所以教师有义务让学生了解本国文化，引导学生正确地对待文化冲击，不崇洋媚外，不故步自封。新教材中应适当引入本国文化，促使学生在学习民族文化的同时，也学会用英语向当今世界阐述本国文化（徐苏君，2020）。

新时代大学生学习英语、了解西方社会文化，不是为了模仿甚至盲目崇拜，而是为了我们祖国的社会主义建设。大学英语教学在介绍西方文化的同时，也承担着输出中国文化的责任，要服务于我国的发展战略，为国家培养懂外语的、具有爱国情怀的各类专业技术和管理人才。大学英语教学内容要加入我国各个时期的优秀文化内容，用英语讲中国故事，弘扬中国优秀文化，增强中国的国际影响力和国际地位。当代大学生也肩负着用英语来表达和传播中国文化的历史重任。

将中国文化、中国英语纳入英语教学中。中国文化主要包括两个方面的内容：一是中国传统的节日文化、饮食文化、服饰文化、中国的世界文化遗产等；二是中国当今社会的基本国情。英语教师在教学中可以采用中西文化对比的方法来导入必要的中国文化。例如：《新视野大学英语》中的一篇课文介绍了美国文化的五大象征，那么可以考虑选取一篇有关中国文化符号的文章，来引导学生进行中西文化对比，以此提高学生的人文素养。

6.1.2 教学内容缺乏新意

大学英语是国家新文科建设的重要组成部分，新文科之"新"首先体现在教学内容方面。目前，大学英语的教学内容跟不上新时代发展的步伐，满足不了学生学习、发展的需求。大学英语课教师对学生要求低，课程内容缺乏学术味、生动性、穿透力（蔡基刚，2017）。如果不加以重视整改，长此以往，不利于培养学生的创新精神。

大学英语教学内容陈旧、形式单一。一方面，阅读材料与学科专业脱轨。大学英语课大多选取文学性强的经典范文，但无法与学生的专业知识相结合。短期来看，它阻碍学生培养阅读审美能力；长远来看，它不利于发展学生汲取英语学术论文思想的能力。另一方面，听力练习话题老套、来源单一。大学英语课教师布置的听力练习大多来自书后练习题，或者是历年大学英语四、六级考试真题。这些听力练习一定程度上能提高学生语法准确度、增加词汇量，但"象牙塔"里的话题无法激发学生的好奇心和学习热情，不利于培养独立思考问题、解决问题的能力（刘振聪，刁慧莹，李婷，2020）。

教材以人文素材居多，而专业通识类及实际运用类素材偏少。这种教材既削减了学生对英语学习的兴趣，同时不利于英语工具性的发挥。编写者在编撰当中应融入多层次的学习内容，踊跃引进最前沿的英语原版教材内容。另外，编写者也需要侧重对英语学习者口语的培育，适当安排模拟会议、话题探索和实践竞赛等活动，促使学生体验到大学英语的实用性及丰富性，推动其英语实践能力的进一步提高。此外，随着新网络媒体时代的到来，传统纸质教材对比之下便稍显不足。当代大学教材的编写应充分利用现代化的媒体信息技术，全面实现立体式的教材开发（徐苏君，张暄，2020）。

查看各高校使用比较多的教材，虽经过多次重印，教材内容依然未变。近年来，世界科技、经济和国际环境发生了巨大变化，学生渴望通过学习了解世界、提高跨文化交际能力，教材内容在一定程度上能满足大学英语学生的学习需求，但教学内容的陈旧明显吸引不了学生的兴趣，进而导致学生对大学英语课堂的低期待和高情感过滤。

教师处理教学内容缺乏新意。教学内容不仅仅是教材内容，如果使教材年年更新不现实，那么就要看大学英语教师对教材的处理和拓展了。研究发现，大多教师还是依据教材对词汇、课文和练习进行讲解，教学内容陈旧，一套教学PPT用了多年；教师授课不能联系时事热点，上课内容不实用，对考试、就业或出国等帮助不大；讲课涉及的知识面不广，上课内容与专业没联系。教师要重视教学的质量，在课堂上要将基础的内容与研究的深度内容结合起来，讲解的内容有层次、有创新，这样才会刺激学生的学习情感和创新思维。

创新情感思维的生成是有感染性的，一个有积极情感的教师往往会激发、带动学生的创新积极性。为此，也要求教师必须重视科研学习，提升自己教学内容的时效性，加深讲解的内容，同时对教案、教材的选用也要提高要求。

6.2 教学方法缺乏创新

6.2.1 大学英语课堂教学缺乏师生交流

研究发现，多数学生对大学英语教学方法的不满意集中体现在以下几个方面：讲课满堂灌，缺乏引导、启发；讲课形式传统、僵化、固定，依然采用传统的单词、语法、课文、练习的教课模式；虽然有了多媒体等电子资源设备，本质上只是替代了黑板的课堂讲解。

无论采用什么样的教材，无论教学内容多么新颖，教师对教学内容的处理，决定了学生对教学内容的接纳吸收程度。
问题的关键是，教师如何在有限的教学时间里，针对学生的实
际情况把合适的教学内容有趣地输入给学生，并被学生及时地
吸入、消化吸收，从而满足学生专业学习、国际交流、继续深
造、工作就业等方面的需要。

　　大学英语的课堂普遍是大班授课，师生比例严重失调；加
之近年来英语课时被大幅度削减，趋势愈演愈烈。受班型、课
时所限，语言学习必需的师生互动或生生互动等很难有效组织
起来。很多教师在课堂上使用PPT课件照本宣科、单向灌输语
言知识，缺乏问题的引领和任务驱动，学生要做的就是被动地
聆听、理解和记忆，而没有分析、评价和展示交流的机会，往
往导致学生消极听课、学习效率低下，"以学生为中心"更是
沦为口号（武芳芳，2019）。时间是学习的约束条件，近几年
大学英语课时的大量压缩，更加突出了教师在课堂的启发和引
导作用，学生从而有更多的自由支配的时间，就可以更多地采
用互助学习的方式，而不是传统的教学方式学习。

　　在新媒体时代，大学英语课堂教学要把教学内容和新媒
体技术结合起来，打造丰富有趣的学习氛围。比如，教师在主
题引入环节，播放相关视频、音频和各种图片，引导学生讨
论，对要学习的内容有初步的认识和思考；对于比较难的教学
内容，教师可以提前录好微课，让学生提前预习，查找相关资
料，这样既锻炼了学生自主学习的能力，又巩固了课内知识。
学生的学习兴趣被激发，自然积极参与课堂活动，教师必然会
取得好的教学成效。

6.2.2 缺乏积极教师情感和激发学生情感的能力

教师情感是教师在其教育教学工作中，与学生进行交往所产生的情感体验。积极的教师情感是教育工作者应具备的职业情感，主要体现在对教育事业和学生的热爱、学生带给自己的快乐以及自身职业的幸福感。这是激励学生学习进步的催化剂，丰盈学生生命成长的沃土壤，塑造教师人格魅力的自驱力，促进教师专业发展的原动力（刘丹，2017）。

多数学生对教师教学情感和能力的不满意集中体现在以下几个方面：教师本身的语言基本功一般；课堂教学缺乏感染力，课堂气氛沉闷；不擅长运用多媒体技术、课件没吸引力、网络平台不能充分利用；缺乏对学生的了解、不注重因材施教；和学生交流少，不注重英语学习与专业发展的关系；教学过程中，不擅长联系思想政治教育。教学是一门艺术，缺乏了教学情感就无法感染学生，课堂教学也就没有了活力和魅力。

教师无法激发、感染学生的根源在于教师的态度问题，教师缺乏专业精神，缺乏教学理想和信念，对学生缺乏人文关怀。严格地说，就是教师对待教学本职工作态度松懈，得过且过，依照经验上课，不能站在学生角度对待教学，这种情况下教师自然得不到学生的喜爱，被淘汰是必然的趋势。

大学英语教师应该注重自身发展，提升教育教学综合能力，在专业知识之外，多掌握教育学、心理学、网络多媒体等领域的知识；加强提升言语表达能力、多媒体操作能力、与学生的沟通能力、科研能力及调控能力等，从而提高各项技能以满足学生对知识的需求和心理关怀的需要。

6.3 课堂教学缺乏有效管理

大学英语课堂人数多，少则几十人，多则上百人，的确考验教师的课堂管理能力。但课堂不好管理并不能成为放任课堂秩序的借口。课堂管理问题突出表现在以下几点：教师讲课受讲解课件限制，很少离开讲台，缺乏对课堂学习参与的了解；学生隐性逃课，老师也不太关注；提问、检查少，作业、考核少。对课堂教学缺乏管理，必然会导致学生对课堂参与失去热情，从而对大学英语学习失去热情。

对教师的考核评价机制不合理集中体现在对教师的考核评价更多是科研和论文指标，教学因素考虑得少，这必然导致教师忽略对教学质量的关注。教学和科研之间需要设定一个合理的比值，高校未能从薪酬、经费、职称导向三方面保障教学优先（陆国栋，2016），教学激励不足。

课堂教学管理是一个较为复杂的问题。对于学生来说，教师的情感因素起着一定的作用，尽管作用有限，但是教师的情感介入可以促进学生之间的交流，加强沟通，让学生更好、更快地融入集体之中。有的学生在课堂上有可能会感到孤独与焦虑，从不敢发言到逐渐隐性逃课。教师的主动联系对课堂气氛的适度干预，可以让学生学会重树信心，帮助学生适应新的环境，激发学生的英语语言兴趣，增强学生的学习信心。对于一些在课堂玩游戏等消极的课堂行为，教师要积极地批评指正，引导学生积极向上，形成活泼、有吸引力的情感课堂文化。

6.4 大学英语考核形式和内容问题

通过调查，大学英语教师在考核方法上采用"平时+期末"的模式，也就是形成性测试和终结性测试相结合的模式。平时成绩一般包括课堂表现、作业、出勤、口语测试、期末试卷考试。学生普遍反映教师对学生的考核形式和内容缺乏新意，考核不严谨，流于形式，尤其在形成性测试方面，没有很好地起到评价促学的目的。

对学生的考核，即大学生英语能力测试，目标是构建"形成性测试和终结性测试相结合"的综合测试体系，即根据《大学英语教学指南》所确定的大学英语教学目标和教学要求，采用多样化的测试方式，全面检测和跟踪大学生英语能力发展，准确评价大学生英语能力水平，发挥测试对教学的正面导向作用，使之更好地为教学提供诊断和反馈信息，促使大学生英语能力得到全面提高。大学英语教师需要提高自身的评价素养，积极参加大学英语教师评价知识和技能的培训，特别是教学过程中进行实践能力培训，掌握促学评价的理论，采用促学评价的方法，处理好测试和教学的关系，有效地利用评价与测试改进教学，切实保证大学英语课程教学质量。

6.5 教学理念和教学行为的脱节问题

6.5.1 衡量教学理念和教学行为脱节的具体指标

大学英语教学改革进行了多年，虽然有关创新教学理念和教学模式的研究很多，但实际上仍然存在大学英语教学理念和教学实践脱节的问题，这也是影响大学英语有效教学的根本原因。衡量大学英语情感教学成效的标准，就是教师的教学行为是否贯彻了新教学理念。严格践行了教学理念，教学中的很多问题自然就迎刃而解了。

教师的教学理念包括教学观、学生观、课程观和评价观四个指标；教师的教学行为包括在教学过程中呈现的教学目标、教学方法、教学内容、教学手段、教学评价和师生关系六个指标。当前大学英语教师的教学理念和教学行为存在很大的差异性和矛盾性，即两者之间存在"错位"。虽然大部分教师认可并持有新型的教学理念，但在教学组织过程中仍表现出教学行为的"滞后"（王文丽，2020）。

老师通过分组、相互讨论的方式，让每个人都参与进来主动思考，而不是被动地听老师讲，这是能实现也是被很多课堂实践证明了的。所以问题的关键是，教师要从内心去主动改变固定僵化的讲解模式，从内心把学生放在中心的位置。那为什么大学英语课堂依然是以讲授为主呢，这就要从课堂两大元素——教师和学生两方面找原因。

6.5.2 教学理念和教学行为脱节的根本原因

通过课堂观察、对教师和学生的调查和访谈发现，教师教学理念和实际教学行为不能和谐同步的原因主要包括以下几个方面。

1）教师能力不足

教师职业是需要不断学习、与时俱进的职业，时代与技术的发展要求大学英语教师具有变革的能力，不仅要学习信息技术，关键要在教学中实施新技术并取得教学成效。现阶段，在大学英语教学中，教师对于新媒体技术的应用成效还普遍不高，对于新媒体技术的应用多多少少存在着一定的形式化倾向。比如部分教师将新媒体技术同多媒体技术混为一谈，认为只要创设多媒体教学情境，就能够符合新媒体时代的要求，也能够在很大程度上提升大学英语教学的整体质量。殊不知，新媒体技术是一个复合型的技术体系，除多媒体技术外，还包括广泛的技术内容（牛亚亚，2021）。

以学生为中心，教师放手给学生独立思考的空间，让学生不再被动地听，而是主动地说、做、表演，翻转课堂，让学生来讲，老师来当学生听。学生的所作所为都是主动构建知识和能力的过程，随着知识能力的强化，学生的创新意识逐渐增强。教师并不是无事可做了，教师的责任比传统模式下的责任更大，教师要引导、评价、监督学生的表现，这对教师的能力有更高的要求。提升大学英语教师的育人素养、学科素养、教学素养、科研素养和信息素养是保证大学英语教学质量的关键。大学英语教师发展既需要学校和院系的支持和政策保障，也需要教师自身的追求和努力。

2）教师情感素质有待提高

大学英语教师是我国高校教师队伍中重要的组成部分，教授的大学英语课是大学阶段必修的一门基础课，涉及学校成百上千的学生。由于工作的特殊性，大学英语教师这一群体相对其他专业教师来说，是比较容易受到职业倦怠伤害的一组群体。

教师原本是一份充满激情与感染力的职业，教师用自己的热情激发学生的学习热情，引导学生的成长发展。目前大学英语教学，教师课时量多，科研力量薄弱，职称评审处于劣势。

情感是个体精神面貌和生命质量的重要表征，教师专业发展中情感素质的提升有助于促进学生人格的健全成长和发展。教师的情感素质主要包括强烈的情感意识、积极的情感定势和较强的情感能力。情感素质的培育除需要教师学习情感教育课程和增强教师职业认同感外，日常的教育生活也是提升教师情感素质的重要土壤（马多秀，2013）。

3）教师和学生缺乏真诚地情感互动理解

笔者发现，大学英语教师在相互交流时，经常出现抱怨学生上课不积极配合教师互动、问问题学生没反应等，教师以为学生对于新教学模式的参与性不强，却没有去思考学生为什么参与性不强。许多大学英语教师都有这样的经历，教师自己充满激情地展开一项教学活动时，学生却积极性不高，在教师的鼓励下，学生在拖延之后应付一下，久而久之，教师在没有获得支持的情况下，也不愿组织活动，此时学生可能会抱怨活动少，于是就形成了恶性循环。产生这种局面的根本原因是师生间缺乏情感交流互动，导致双方不了解对方的内心需求，从而最终放弃。教学过程实际上是建立起教师和学生之间一种"诚实、理解和接受"的人际关系的过程，教学成败的关键在于人际关系、情感态度。教学过程既是师生信息传递、交流的双向过程，也是情感交流的双向过程。陶行知先生曾经说过："真教育是心心相印的活动，唯独从心里发出来的才能打到心的深处。"情感教育就是渗透着亲情、友情与激情，更充满着尊重、理解与沟通。（马兴，2009）。

以学生为中心，就要首先了解学生需求，了解学生的真实想法，而不是教师一厢情愿地让学生配合。总之，要做到真正以学生为中心，就要重视教师问题和师生关系问题，这两点都与情感有关：教师对教学的热爱、教师与学生的和谐真诚互动。虽然学生不得不集中精力应对考试竞争，虽然有些学生更加热衷于教师拥有渊博的知识储备和广博的应试教育经验，但更多学生的情感需求越来越拒绝那种机械化与应试化的师生交往，渴望与拥有人文理解能力与关爱能力的教师进行互动交流。

7

对大学英语教学的启示：
构建大学英语情感教学理论

外语教学不是没有危机，不管是专业外语还是大学外语，都面临着很大的危机，如果不识变、不应变、不求变，我们就很有可能落在后面（吴岩，2019）。教育大计，教师为本，大学英语教师如何去迎接新技术的挑战，达到科技促学的目的？大学英语教师应采取什么措施，才能减少或杜绝学生的情感过滤，激发学生的英语课堂学习兴趣？

归根结底，大学英语教学要克服现在僵化的教学内容和形式，让课堂充满活力，而这一切的关键就是要依赖大学英语教师实施情感教学，把情感融入教学的每个环节，以情优教，激发学生的学习情感和热情。在教学过程中要关注学生学习中的情感态度，培养和发展学生学习英语的积极性，实现教学中师生的共同参与。在以人为本的教学氛围下，教师和学生的互动不仅限于形式上，更应是与学生的情感互动，教学中应充分渗透情感教育，进而改变长期以来英语教学以本为本、机械训练、教师唱独角戏的局面，只有这样，才能实现大学英语教育教学的意义价值。顺应大学英语教育信息化的发展潮流，充分利用好线上、线下教学融合发展趋势，创新教学模式和教学方法，推动教学手段现代化，提高大学英语教学质量。

《国家中长期教育改革和发展规划纲要（2010—2020年）》《大学英语教学指南（2017）》《大学英语教学指南（2020）》和《新文科建设宣言》为大学英语情感教学提供了纲领性文件，教学理念、教学模式、教学方法、教学内容、师生关系、教学评价、教师发展等，构成了适合我国国情的信息化时代大学英语情感教学理论基本要素。社会和科技的发展必将不断丰富教学理论，努力推进网络多媒体环境下教学模式的创新和教学方法的改革，探索创建具有中国特色的大学英语情感教学理论和方法，不断推动我国大学英语教育事业的发展。

7.1 创新大学英语教学理念和教学模式

7.1.1 创新教学理念和教学模式的必要性

推动模式创新，是2020年《新文科建设宣言》提出的任务之一。尽管近年来我国高校英语教学改革已取得了很大进步，但在大学英语教学内涵建设、教学模式和教学方法等方面依然存在问题，诸如在实用与功利主义思想影响下重技能轻人文的现象较为普遍，大学英语课堂教学注重语言知识技能训练，而忽视情感态度和价值观的培养等（黄雪梅，2021）。在新的教学环境下，改革创新教学观念和模式才是大学英语教育发展的强大动力。教学理念是指人们为了某种教学的利益，在一定的教学理论认识基础上形成的关于理想教学的基本观念（刘庆昌，2009）。戴炜栋、刘春燕（2004）提出，所谓教学模式是指在一定的教育思想、教学理论和学习理论指导下的，在某种环境中展开的教学活动进程的稳定结构形式。新的学习理论必然要对传统的教学理论、教学观念提出挑战，从而在形成新一代学习理论的同时，也逐步形成了与之相适应的新一代教学模式和教学方法。

大学英语教学改革进行了多年，虽然有关创新教学理念和教学模式的研究很多，但科技的发展日新月异，教学也必然要紧跟时代的发展，随之发生相应的变化，教师要时刻保持学习的理念，与时俱进，促进大学英语教学的不断发展。在多种教学模式不断涌现的背景下，如何理解多元混合、多模态、生态等教学新模式的内涵和实际课堂运用？如何利用慕课、翻转课堂、微课、微信等现代技术和教学形式开展多元新型多媒体教学？如何把情感教学元素融入新教学模式中？关键就是教师要坚持不懈地学习，保证自身教学理念的及时更新，丰富自身的互联网知识，充分发挥互联网在英语教学中的促进作用，让互联网真正融入大学英语教学工作当中。在充分利用现代信息技术的同时，要合理继承传统教学模式中的优秀部分，发挥传统课堂教学的优势。构建符合"互联网+"时代特征的大学英语智慧教学模式，根据个体学习者的学习需求、学习基础和学习风格设计有针对性的教学方法与技术支持服务系统，形成"常态化在线课堂、泛在化自主学习、智能化组织管理"相结合的教学新生态，实现学生语言能力和学习能力共同发展的目标（杨港，2018）。

7.1.2 《大学英语课程教学要求》和《大学英语教学指南》的课程指导性意见

在时代发展进程中，传统教学理念和教学模式逐渐会不适应时代的发展，满足不了学生的认知和情感需求，导致学生对大学英语教学失去兴趣，这为创新教学理念和教学模式提供了迫切的客观依据。

1）2004《大学英语教学要求（试行）》首次提出大学英语教学新模式

为全面实施大学英语教学改革，满足新时期国家和社会对人才培养的需要，提高教学质量，2004年《大学英语教学要求（试行）》指出，各高等学校应充分利用多媒体和网络技术，采用新的教学模式改进原来以教师讲授为主的单一课堂教学模式。新的教学模式应以现代信息技术，特别是网络技术为支撑，使英语教学不受时间和地点的限制，朝着个性化学习、自主式学习方向发展。新的教学模式应体现英语教学的实用性、知识性和趣味性相结合的原则，应充分调动教师和学生两个方面的积极性，尤其要确立学生在教学过程中的主体地位。新教学模式在技术上应体现交互性、可实现性和易于操作性。另外，新教学模式在充分利用现代信息技术的同时，也要充分考虑和合理继承现有教学模式中的优秀部分。

值得注意的是，新的教学模式强调英语教学实用性、知识性和趣味性相结合的原则，学生对教学没有了兴趣，教师和学生没有了积极性，教学就真的没有意义了。所以，教学的趣味性、学生的兴趣、学生的积极性这三点是因果相连、层层递进的。而新的教学理念和教学模式就是以教师为主导，以学生为中心，就是为了更好地激发学生兴趣，调动学生的积极性，从而逐渐达到教学目的。

2）2007《大学英语教学要求》首次提出大学英语是集多种教学模式和教学手段为一体的教学体系

2007《大学英语教学要求》首次提出大学英语是集多种教学模式和教学手段为一体的教学体系，并以外语教学理论为指导，以英语语言知识与应用技能、跨文化交际和学习策略为主要内容；指出各高等学校应充分利用现代信息技术，采用基于计算机和课堂的英语教学模式，改进以教师讲授为主的单一教学模式。教学模式改革的目的之一是促进学生个性化学习方法的形成和学生自主学习能力的发展。在充分利用现代信息技术的同时，要合理继承传统教学模式中的优秀部分，发挥传统课堂教学的优势。教学模式的改变不仅是教学方法和教学手段的变化，而且是教学理念的转变，是实现从以教师为中心，单纯传授语言知识和技能的教学思想和实践，向以学生为中心，既传授语言知识与技能，更注重培养语言实际应用能力和自主学习能力的教学思想和实践的转变，也是向以培养学生终身学习能力为导向的终身教育的转变。

3）2017《大学英语教学指南》提出继续发挥信息技术在外语教学中的重要作用

自2004版《大学英语教学要求（试行）》提出基于计算机和课堂的大学英语教学新模式以来，大学英语教学成效显著。2017版《大学英语教学指南》提出继续发挥现代教育技术，特别是信息技术在外语教学中的重要作用，大学英语应大力推进最新信息技术与课程教学的融合。同时指出，大学英语教师要与时俱进，跟上新技术发展，不断提高使用信息技术的意识、知识和能力，在具体的课堂教学设计与实施过程中，融入并合理使用信息技术元素。

各高校应充分利用信息技术，积极创建多元的教学与学习环境。鼓励教师建设和使用微课、慕课，利用网上优质教育资源改造和拓展教学内容，实施基于课堂和在线网上课程的翻转课堂等混合式教学模式，使学生朝着主动学习、自主学习和个性化学习方向发展。通过建立网上交互学习平台，为师生提供涵盖教学设计、课堂互动、教师辅导、学生练习、作业反馈、学习评估等环节的完整教学体系。教学系统应具有人机交互、人人交互功能，体现其易操作性、可移动性和可监控性等特性，允许学生随时随地选择适合自己水平和需求的材料进行学习，能记录和监测学生的学习过程，并及时提供反馈信息。

4）2020《大学英语教学指南》大力推进现代信息技术与课程教学的深度融合

信息技术在大学英语教学中的应用，是大学英语教学发展的最有效途径和必然趋势。为了大学英语教学的长远发展，2020版《大学英语教学指南》提出大学英语应充分发挥发挥现代教育技术，特别是信息技术在英语教学中的重要作用，大力推进现代信息技术与课程教学的深度融合。从2017版《大学英语教学指南》里"继续发挥""与课程教学的融合"到2020版《大学英语教学指南》里"充分发挥""与课程教学的深度融合"，展示了大学英语教学新模式教学的良性发展和未来前景。

此外，2020版《大学英语教学指南》首次创新性地提出在熟悉线上教学基本形态的基础上，创新和实践线上教学模式和线上、线下混合式教学模式。现代教学手段的使用要主动适应新时代大学生的学习特点和学习方式，要密切关注移动学习理论与技术的最新发展，鼓励高校设计和构建"移动英语学习平台"，凸显现代学习方式的自主性、移动性、随时性、可延展性等特点。

总之，时代与技术的发展极大地促进了英语教学的发展，大学英语必须适应我国高等教育发展的新形势，深化教学改革，满足新时期国家和社会对人才培养的需要。在大学英语教学改革实践进程中，存在一个非常不好的现象：对于教学理念和教学模式的探讨轰轰烈烈，但是教学实践却不能广泛地普及，造成理论研究和教学实践的严重脱节。深刻领悟到创新教学理念和教学模式的必要性以及贯彻《大学英语教学指南》的迫切要求，充分利用时代和技术优势，是大学英语教师逃避不了的选择。

7.1.3 教学理念、教学模式和情感教学三者间的关系

教学理念的更新对于大学英语教学改革具有重要的意义，教学理念指明教学实践的方向，也预示了教学过程和教学效果。教学模式是在教学理念指引下对不同教学任务所呈现出来的具体操作形态，无论采用什么样的教学模式，都是教学理念的具体体现。教学模式的更新不能仅仅是形式上的改变，而是在教学理念更新基础上的改变，教学模式是形式，灵魂是教学理念。以我国实施的翻转课堂为例，很多其实仍然是把学生牢牢地捆绑在教科书上，醉心于碎片化知识的灌输和技能的机械化训练而已（钟启泉，2016）。由此可见，没有了教学理念的翻转，所谓的翻转课堂就会有东施效颦、邯郸学步之嫌（郝娅杰，2018）。

此外，大学英语教学理念和模式的目的是一致的，那就是实现教学目标。教学目标既包括认知目标也包括情感目标，情感不仅是促进学习的工具，更是重要的教育目标之一。高质量的大学英语教学，即在教学理念指引下，采取不同教学模式，激发学生学习兴趣，调动学生和教师积极性，逐渐达到教学目的的教学。其实质上就是发挥教师、学生的积极情感，实现以情促教的情感教学。情感不仅是促进学习的工具，更是重要的教育目标之一。

理清了教学理念、教学模式和情感教学的关系，我们就能从教学定位、教学设施、教学评价、价值导向等方面理解多媒体辅助下的多元混合模式、多模态模式、生态模式等教学新模式，理解新模式下的大学英语教学本质上就是情感教学。教师要树立终生学习的理念，在学习最新的外语教学理论的同时，也要不断提升对多媒体现代化技术的学习，只有这样才能激发学生对大学英语学习的热情，真正做到以情优教、以情促教。

7.1.4 以学生为主体，以教师为主导

长期以来，大学英语教学一直以教师为中心，学生的主要学习目的是理解并记忆从教师那里得到的词汇、语法等知识，这种学习过程主要是一种记忆。提出构建主义理论的著名心理学家皮亚杰认为，学习者知识的获得不是靠教师和记忆传授，而是在教师的引导下在深入理解的基础上获得的，并在理解的基础上逐渐产生对知识的创新运用能力。输入式的语言教学和记忆式的语言学习忽视了语言学习的客观规律，忽视了学生主体的能动作用。

理清教师和学生两者的关系和地位，才能使大学英语课堂在正确的方向上进步创新。《国家中长期教育改革和发展规划纲要》（2010）提出："以学生为主体，以教师为主导，充分发挥学生的主动性，促进学生健康成长。"以学生为主体即所有的与教学有关的，包括教学方法、教学手段、教学内容和教学组织等都要尊重学生需求，都要为学生有效学习服务。教师作为主导，决定着教学方法、教学手段、教学内容和教学组织等

的选择和安排，学生的主体地位也是由教师在教学活动中体现出来的。可以说，教师主导作用的性质和程度决定着教学过程中的思想方向和活动的进程，决定着教学质量，教师在教学中的支配地位是教学的客观必然（傅道春，2000）。

《教育信息化十年发展规划（2011—2020年）》强调要推进信息技术与教学融合，利用信息技术开展启发式、探究式、讨论式、参与式教学，鼓励发展性评价，探索建立以学习者为中心的教学新模式，提高信息化教学水平，从而充分发挥现代信息技术的独特优势，信息化环境下学生自主学习能力明显增强，教学方式与教育模式创新不断深入，信息化对教育变革的促进作用充分显现。教育信息化教学尤其要体现在教学过程中学生的主体地位和教师的主导作用，这种新模式教学同时也加剧了大学英语教师发挥主导作用和激发学生主体作用的难度。如何充分发挥教师和学生能动性，是大学英语界一直关注的问题。

7.2 教学内容优化及情感化处理

《大学英语课程教学要求》（2007）指出："新教学模式应能使学生选择适合自己需要的材料和方法进行学习，获得学习策略的指导，逐步提高其自主学习的能力。大学英语课程不仅是一门语言基础课程，也是拓宽知识、了解世界文化的素质教育课程，兼有工具性和人文性。因此，设计大学英语课程时也应当充分考虑对学生的文化素质培养和国际文化知识的传授。"这就对大学英语教学内容提出了要求，那么选择什么样的教学内容，才能满足学生学习需求、充分培养学生的文化素质和拓展学生的国际文化知识呢？

7.2.1 教学内容体现工具性和人文性的有机统一

大学英语课程是高等学校人文教育的一部分，兼有工具性和人文性双重性质。就工具性而言，大学英语课程是基础教育阶段英语教学的提升和拓展，主要目的是在高中英语教学的基础上进一步提高学生英语的听、说、读、写、译能力。大学英语的工具性也体现在专门用途英语上，学生可以通过学习与专业或未来工作有关的学术英语或职业英语，获得在学术或职业领域进行交流的相关能力。就人文性而言，大学英语课程重要任务之一是进行跨文化教育。语言是文化的载体，同时也是文化的组成部分，学生学习和掌握英语这一交流工具，除了学习、交流先进的科学技术或专业信息之外，还要了解国外的社会与文化，增进对不同文化的理解、对中外文化异同的意识，培养跨文化交际能力。人文性的核心是以人为本，弘扬人的价值，注重人的综合素质培养和全面发展。社会主义核心价值观应有机融入大学英语教学内容。因此，要充分挖掘大学英语课程丰富的人文内涵，实现工具性和人文性的有机统一。

7.2.2 教学内容要满足学生学习和发展需求

教师在选择教学内容和处理教学内容时，要以学生的实际发展需求为出发点，学生需求一般包括情感上和认知上的需求。当教学内容能满足学生的需要时，在情感上学生学习的积极性相应地就会增强，学习效果必然随之提高；学生成绩的提高必然使学生产生成绩感和自信心，更能促进学习的进一步良性发展。因此，要提高学生学习英语的积极性，激发学生学习英语的内在动机。

英语教师首先应做到所传授的教学内容能满足学生的需要，在基于学生视角的大学英语教学内容选择的基本取向方面，选择多元文化教育观念及文化品性作为重要尺度，在价值追求选择上提升大学生的人文素养。在选择原则上做到语言知识与文化内涵统一，体现当今社会主流文化与思维方式的统一、共性化和个性化的统一、民族性和世界性的协调与统一、现实性和长远性的整合（黄雪梅，2021）。要实现这一目的，教材编写者在编写教材时应该融教材的思想性、趣味性、实用性和时代性于一体，这样才能为实现教学内容符合学生需要提供基本保证（原金利，2011）。

一套成熟的教材不可能年年更新，但是教材的使用者教师可以根据时事的发展，依托教材，讲出新意来。比方说，在课文主题引入时，举一些学生关心的、利于学生身心发展的、紧跟时代的例子。例如，在学习课文Smart Car前，让学生查找关于智能汽车的知识，了解智能汽车有什么具体的特点等，并在课上讨论，教师进行补充总结。这样学生对智能汽车有了了解，对课文的学习就会更感兴趣并且理解得深刻。

教师根据教材和教学对象补充内容。教学内容不能是一成不变的，要不断更新教学内容，充分考虑教学内容的时代性、实用性、启发性和趣味性，使教学内容适应社会发展和学生个人发展的需要，从而使培养出的学生能在今后的学习、工作和生活中使用英语进行有效的交际，以适应我国社会发展和国际交流的需要。

7.2.3 教学内容的情感化处理

教学内容是教师和学生进行教学活动的主要依据，所有的教学活动都根据教学内容展开。教学内容的主要形态形式是教材，教材里的教学内容是平面的、静态的，这些静态的教学内容融入师生互动中，就变成了动态的内容，教师和学生的能动性赋予静态的教学内容以活力和情感，进而实现有效的大学英语情感教学。

在实际教学过程中，大学英语课堂少则几十人，多则上百人，每个人都是独立化的个体，都有自己个性化的英语学习需求。因此，在实际教学过程中教学内容与学生当时的具体需要不一致的现象十分普遍。不同学生的学习程度和未来发展规划不同，所以对英语学习的需求也不同，甚至有很多学生对未来发展很迷茫，不知道英语学习的发展目标是什么，这就要求教师要了解学生，引导学生对英语、对未来职业生活做出科学而又适合自己的规划，用优秀事例引导他们了解英语的重要性，激发学生的学习兴趣和做好英语学习目标定位。同时采用多种教学形式和方法，尊重学生个性化需求，使学生充分体验成功和被肯定的积极情感状态，师生间和谐交流，达到最佳教学效果。

7.3 创新教学方法

7.3.1 教学相长

在实际教学过程中，无论教材多么好，教学内容多么有价值，如果教师不能把教学内容所涵盖的知识生动地呈献给学生，过多地进行词句、课件和练习的讲解，学生必定会感到课堂的枯燥无味，进而导致情感过滤行为。科学的教学方法能够使教学达到事半功倍的效果。教学方法运用从一定意义上讲是教师通过各种启发性、创新性方式引导学生巩固"旧知"并发现"新知"的过程，也可以说是教师开展教学、学生获得知识的双向互动过程。这个互动开展得顺利，学生的心智就会得到发展，反之学生的成长效率就会大打折扣（贾国栋，2016）。

什么是教学方法？教学方法是教师和学生在教学过程中为了实现教学目标，完成教学任务而采取的方式、办法与途径，包括教师教的方法、学生学的方法以及两者之间的协调与统一。教师教课无论多么精彩，如果不考虑学生的实际需求和水平，教学也是不成功的。教学方法不仅仅只能考虑教师单方面，它包括教学最基本的两大元素：教师和学生，两者缺一不可。所以教师的"教"不能忽略学生的"学"，"满堂灌"的教学方法就是只有教师的"教"，不关注学生的"学"，导致学生"学"的效果不理想。所以教学既要关注"教"也要关注"学"，而重点要落在"学"上。成功的教学过程呈现如下模式。

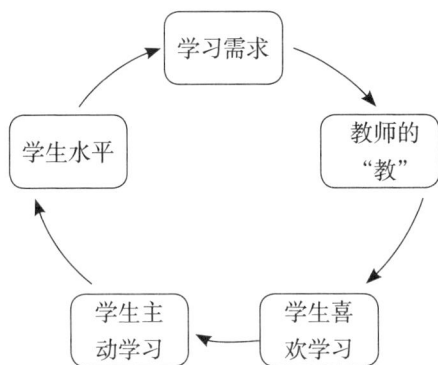

图7-1　成功的教学过程图

从上图可以看出，成功的教师的"教"不是教师自己的独角戏，是建立在学生的水平和学习需求基础之上的。尊重学生水平即因材施教，教师要了解学生的英语水平、学习特点等；学习需求既包括认知需求也包括情感需求，所以教师教学尊重了学生水平和实际需求，学生才有可能喜欢教师的教学、喜欢学习，进而主动学习，提升学习水平，产生新的学习需求，进而形成良性的动态教学过程。同时，也可以看出，学生的"学"同样影响着教师的"教"，教学相长，教与学相互依存、相互积极配合，才能产生好的教学效果。

信息技术的发展，使慕课、翻转课堂、微课等教学形式成为教学常态，归根结底，无论采用什么科技手段和方法，教师需要根据所教学生的实际情况和学习需求，灵活运用讨论式、任务式、合作式、项目式、探究式等教学方法教学，帮助学生学会学习。教师需要激发学生的好奇心，培养学生的兴趣爱好，营造独立思考、自由探索、勇于创新的良好环境（2010）。

7.3.2 大学英语"金课"模式

大学英语线下"金课"模式即课堂"金课"模式，是指以课堂教学作为"金课"的主要场所，用于师生之间的互动交流。教育部高等教育司司长吴岩指出，大学课堂教学有五重境界。第一重境界是silence，课堂上很安静，老师拼命讲，学生拼命睡、拼命吃、拼命玩，互不干扰，一片祥和，就是没有拼命跟老师学习。第二重境界叫answer，老师提一些非常简单的问题让学生回答：对不对？好不好？是不是？这种互动跟没有互动差不多。第三重境界叫dialogue，有情感和内容的交流，这种课是好课。第四重境界叫critical，有批评质疑的味道在其中，学生不仅和老师有互动，还能针对老师的观点提出自己的看法，可能跟老师还有点小争论。最高一重境界是debate，有争论、争辩，甚至还有争吵，老师讲的学生可以不同意，学生可以讲自己的看法。由此可见，最好的课堂教学模式，就是要有情感和内容的交流，同时学生不仅要与老师互动，还能针对老师的观点发表自己的见解，师生之间进行争论与争辩。

"'互联网+'教育"催生的一种新教学模式——慕课（MOOC），就是线下"金课"模式，是有生命力、有前途、有未来的课，是有可能通过网络改变教育的课。翻转课堂就是线上和线下相结合的教学模式，大力推广的翻转课堂"金课"模式，颠覆了传统课堂教学中老师讲学生听的模式，使学生实现学习自由，是以学生为中心的学习和教学方式的革命。大学英语教师要充分认识到情感因素在教学中的影响，努力培养自身良好的情感，积极建立师生之间的交流，让学生对于英语充满信心和热情，并且喜爱大学英语这门课程。这一点在大学英语翻转课堂中表现得尤为突出。

7.4 融合视角下的情感教学创新渠道与方法

7.4.1 多媒体手段与情感教学的融入

当前多媒体的手段很多，在学校层面，在配置了必要的一些硬件，如摄像机、打印机、扫描仪、影碟机、触摸屏和各种音响设备以后，再安装上相应的软件，充分地利用计算机对文本、图形、图像、声音、动画、视频等多种信息综合处理、建立逻辑关系和人机交互作用，就可以构成一个多媒体平台。多媒体可以实现多种资源整合的特点，如视频资源、远程教学、动画设计等，这些手段可以辅助情感教学的融入。

1）制造震撼的情境效果

多媒体技术的发展为学习带来了相当多的乐趣，其中多媒体展厅的出现能够带给学生较大的视觉震撼效果。通过3D技术、2D技术和各种数字化的声音，给学生带来很强烈的代入感，教师可以通过这些手段略过课堂语言的角色代入过程，直接引导学生进入故事的情节，提高课堂教学的效率。

2）多角度的刺激学生心灵感受

既可以通过故事的讲授，也可以通过照片、图像等静态画面甚至是音频等的展示，直接激发学生的内心的想象力，让学生自己去联想，比故事引导更能激发人的心灵感受。

3）使用最新的手段，创新情感教学

多媒体的发展带来了新的技术，比如增强现实（Augmented Reality，简称AR），这是一种通过实时利用摄影机影像的位置和角度，然后加上一定的图像处理技术，将现实世界的信息和虚拟世界的信息进行"无缝"集成的一种新技术。利用这种技术，可以在屏幕上把虚拟世界中的故事套在现实世界中，并与观众进行互动。AR技术当前已经比较成熟，未来高校如果引入的话，在实验实训、现实模拟方面，将大大提高学生的代入感以及与故事深度的融入。在情感教学方面，AR现实技术可以提高情感的现实描述能力，使故事更加真实、可信，情感的讲述不再需要教师更高的语言艺术。

4）创造数字文化，突出情感的数字化融入

数字文化指通过互联网以及数字化信息采集、处理、存储和传输实现数字化共享，并且依托各组织和个体文化资源，利

用VR、AR、3D等数字技术来传播和发展的文化。文化是情感的载体，情感要依托于文化才能够与学生的心灵对接，很难想象一个落后文化承接的情感，会被学生轻易接受。要想让情感与数字文化融合，必须将情感进行有效的过滤，与数字文化所代表的现代性融合，通过去中心性、快捷性和柔性展现情感，去掉僵硬、说教的部分。

7.4.2 多媒体手段与情感教学的融入

随着网上课堂的发展，一些大型企业看到了商机，随后推出了各种在线课堂的教育形式，比较常见的如智慧树、雨课堂、腾讯会议、腾讯课堂、钉钉会议等形式。由于平台操作简单，服务项目全面，很受师生的欢迎。平台的发展也顺应了情感劳动的要求，作为教师，应该充分利用平台的设置，提升自己情感教学的能力。

（1）教师应该逐渐从显性服务为主转型向隐性服务，展现教师的情感劳动。因为以前的平台以资料上传、教师课件美化为主要任务，而随着平台的发展，教师的情感劳动如何通过平台展现给学生、如何与学生进行互动，成为平台主要的研究方向。现代平台既可以通过大厅进行全面的沟通，还可以通过小窗、纸条等进行私下的沟通，既能够保证师生的隐私，又可以给情感素材一定的孕育空间。平台还开发了各种表情工具、写字编辑工具等，为情感教学保证了"只可意会、不可言传"的渠道。

对此，教师应该充分利用沟通平台，既给学生展示自己的机会，同时又可以利用小窗，营造单独辅导的教学情境。比如翻转课堂是指重新调整课堂内外的时间。

（2）充分利用平台设定的投票、问卷工具，为情感教学的"公共服务"和"订单服务"做好准备。投票工具可以征求大多数同学的意见，通过投票找到大家多担心的、忧虑的和向往的教学方式；然后教师可以提供公共的教育服务，同时又通过私聊等，对一些有个别想法的同学进行辅导。平台提供的沟通工具应该可以好好地利用。

例如在慕课中，讨论板块的功能不同，同学可以通过对应的板块提问和获取分数。其中，老师答疑区是老师与学生全时沟通的平台，学生可以随时留言，可以提问关于作业、测试、课件内容中自己不熟悉或者担心的问题，以专业知识和对英语教学的意见为主。课堂交流区是即时的情感沟通，学生在观看课件过程中，可以即时发起自己的感受或者疑问，保证情感交流的随时性；课堂交流区使不愿意与老师当面交流的同学，可以发表一些自己的看法，同时也可以实名得到激励，规定课堂交流区中的发帖、回复、评论会算入课程的讨论区得分。综合讨论区是一个放松的地方，可以发表任何想与大家分享的经验，也可以谈谈自己觉得新奇的地方，还可以引入新素材补充教学，发表关于学习、工作、生活等一般性话题。这些板块的充分利用，可以更好地进行情感教学。

7.5 "互联网+" 碎片化时代的教师情感关怀

"互联网+" 催生了一种新的教育形式，打破了传统教育的时空界限和学校围墙，引发了教育教学模式的革命性变化。随着我国的市场化经济改革，居民在经济上逐年增长，精神文明建设日益进步。同时，"互联网+" 时代的到来使得多元价值观不断碰撞，文化正逐渐呈现碎片化趋势。纵观社会的这些变化，教师的课堂教学作用是什么，情感支持在现实中的作用点在什么地方，都成了新的课题。

7.5.1 现代教育面临的危机

由于文化的碎片化，每种教学方式都有可能受到学生的排斥。因此，现代教育遇到了前所未有的危机。

网络的发展使得知识传播渠道空前增多，人们获取知识的渠道不再是单一通过传统媒体和教师，而是通过搜索引擎、微博等更多的渠道；但是从心智结构形成的层面上看，文化的碎片化冲击了心智结构形成的正常路径，潮水般的信息冲击着学生的心智形成，使得学生对信息的加工缺乏正确的认知，容易导致世界观的扭曲。

7.5.2 碎片化时代的学生情感期待

1）碎片化带来的"情感生态圈"具有恶化趋势

"情感生态圈"（邬志辉，2007）指的是情感的形成、发生、发展、消退的生态圈，它形象地说明了情感问题的系统性、复杂性。在同质性社会中，情感生态圈是统一的，学生情感问题相互之间可以通过安慰、劝说、暗示等进行互相帮助。但是，在文化碎片化的状态下，社会呈现出强异质性，学生的情感生态圈首先被异化，同质性的生态圈被分割得越来越小，处于不同生态圈的成员很难找到相互的慰藉。

2）"情感生态圈"恶化造成的学生学习焦虑

教育的功利性使得学生每进一步，都从身边的同伴中，从最优秀的同龄人中受到压力，自我的焦虑不断变强。在高校里，这表现为或者拼命地想证明自己的能力，或者是自我放逐。无论哪种情况，都使得学生失去了学习的兴趣，产生学习上的恐惧感。

7.5.3 碎片化时代的教师心理关怀：帮助学生消融自我

1）超个人主义的心理关怀定位

超个人主义心理学关注人性的统一性。无论社会如何异化，超个人主义心理学相信通过复归自然的和谐，可以实现人性的复苏，实现人对超越与神圣的追求。将超个人主义的心理关怀作为定位，可以忽略文化价值定位带来的区隔，重新塑造学生之间的相互感应，使得来自不同文化的学生更加宽容与谅

解，更单纯地体验追求知识的快乐，也有助于学生克服社会文
化压力带来的恐惧感，在学习中体验到快乐的感觉。

2）爱与知识的结合

作为教师，首先必须忘却自己的文化阶层，让学生感受
到支持的力量。所以，教师自身首先要充满爱，也就是对待
每个学生都要从文化公平的视角对待，教师的一举一动本身
也在构建一种文化。学生在充满爱的文化中接受知识，会变
得更加包容，更富有理解力。教师应该鼓励学生敢于说出自
己的真话，让学生能真实地从自己的文化视角感受来自不同
文化背景的看法。

3）积极构建新的文化生态，回归生活

后现代主义的进步性就在于其更加重视实验之外的东西，
放弃了对于纯粹科学的追求，更加重视生态背景下的人性潜
移默化。面对零碎化、反中心化、多中心化、无深度概念的
时代，后现代主义并不主张强硬地借助教育的暴力，去还原逻
辑，还原传统的力量，而是提倡一种超个人主义的关怀，将学
生归入社会的文化生态中去，健全自己的心智结构，接受知识
的熏陶（刘金平，2003）。正如陶行知先生所讲，教育的本质
是回归生活。文化的碎片化导致的自我焦虑，阻碍了青年回归
生活。帮助学生超越文化，回归自然与生活，是构建新文化生
态的出路。

从社会发展的阶段性来看，收入分配差距的拉大，文化的
破碎，是不可避免的一个阶段，面对社会文化的碎片化，如果
继续强调教育暴力，依靠教育暴力去恢复以前的教育秩序，不

仅有可能成为学生的笑柄，而且容易扩大冲突。顺应社会的碎片化趋势，提倡超个人主义的心理关怀，积极构建健康的情感生态环境，让每个学生都得到情感上的关怀，是现代教师角色的重要任务。

7.6 移动学习中的教师情感干预与激励

"互联网+"时代背景和智能手机的广泛应用为移动学习的产生和发展提供了充分条件，移动学习是近几年兴起的学习潮流，是一种利用移动平台进行学习的行为，是对课堂学习的有益补充。移动学习与传统的课堂学习、电脑学习不一样，受制于移动终端的平面以及教育空间的限制，教师的参与性明显不足。同时，学生面对移动学习的新教育空间，很容易出现隐性逃课现象。

2017年，中国使用手机终端的人群已经达到了7.24亿，2016年就有64.4%的成年人用手机终端阅读，移动学习正成为现代生活中学习的主流方式。顺应时代的潮流，高校也在大规模推动网络课程、移动App等建设，争夺未来学习中的学生主体。移动学习在"互联网+"教育的浪潮中正逐步崛起，顺应了消费升级背景下我国教育消费的趋势，为中国教育的质量提升、教育消费的升级又增添了一个重要的学习手段。

不过，从学习的方式来看，手机等平台终端毕竟是机器，是没有情感的机器，没有人为的互动功能，同时，移动学习依托于移动平面，在提供学习的方便性的同时，也带来了一些问题，比如平面教育空间有限、教育内容难以拓展、教育方式容易受到限制、教师的参与受到空间的限制等，一些教育的思想在当前移动学习的大潮中还需要总结。课堂学习中的情景设计、教师情感融入以及互动中的默契领会，在移动学习中相对缺乏；移动学习也容易缺乏监督，要求学生要有高度的自觉性，在时间掌控方面也没有课堂学习那么规范。不可否认，部分学生自控力较强，善于搜寻资料，将移动学习作为学习的重要补充，的确有一定的效果。但是也应该看到，还有一些学生的学习普遍缺乏自立性，更缺乏如何处理资料、如何融入课堂的自觉性，在移动学习中容易走神，有的敷衍了事，应付老师交给的任务，还有的上网冲浪，以移动学习作为掩盖自己不想学习的借口，所有这些都可以归结为移动学习中的隐性逃课。

　　事实上，很多学生一开始对于手机App等学习方式还是比较有兴趣的，手机上网是学生生活的重要组成部分，将学习与手机终端联系起来，是现代学习平台迁移的新目的地，促进了学习与学生生活的亲密性、高效性。但是，手机学习毕竟脱离了教师的直接指导，原来课堂学习的情景设计、教师引入、课堂学习的"故事化"引导以及课堂管理、群体学习的外溢效应等都失去了，特别是失去了教师的直接课堂管理，使得学生的学习高度依赖于自觉性，形成了移动学习中"隐性逃课"。课堂教育中的"惩罚手段"的力度大大降低，"激励手段"成为移动学习中的重要手段。

很多教师并没有适应这一教学手段的转变。对于教师特别是年纪较大的教师来说，移动学习是一种新鲜的教学手段，许多App难以掌握，对移动学习没有办法进行干预；一些不太负责的教师将移动学习作为课堂学习的替代，一甩了之，这样就造成学生移动学习的效率难以保证。特别是一些自制力较差，甚至有一定程度网瘾的同学，更是难以融入学习，形成隐性逃课。移动学习中的隐性逃课是网络时期教学遇到的一种新现象，是"互联网+"时代情感教学面临的最大挑战，值得教师的注意。在实际的移动学习中，关键并不是教师不教了的问题，而是在这种新的教学背景下，教师如何教的问题。在学生移动学习的过程中，教师通过角色扮演、背景设计等方法，提供积分奖励等手段，提升学生在移动学习中的融入性，同时注重移动学习中吸引学生注意力，减少移动学习中隐性逃课的可能性。

7.6.1 移动学习中隐性逃课的特殊性

隐性逃课的主要表现是学生在上课时从事与课堂内容不同的活动，与显性逃课不同，隐性逃课的学生一般遵守课堂纪律，按时上课，但是上课时心思并不在教学方面，主要表现为看手机、走神，甚至乱写乱画等。课堂教学中的移动学习具有一定的普遍性，它要求提升教师的课堂吸引力、注重与学生的互动等。在移动学习的过程中，由于教师并不与学生在一起，没有现实中的监督能力，并且学生主要通过移动平台进行学习，在自制力有限的情况下，隐性逃课可能比课堂教学更容易发生。当然，与课堂教学中的隐性逃课相比，移动学习中的隐性逃课有一定的特殊性。

1）场所不同导致隐性逃课的程度有差异

首先移动学习无论是自愿还是强制的形式，都是在平台上进行的活动。所以学生表现为仍然在使用平台，但是当课程枯燥的时候，学生对学习的兴趣会迅速下降，这时候会出现走神或者打瞌睡的现象。手机的平台依然在活动，但是学生的注意力已经不在平台上，更有甚者，有的学生为了完成任务会刷时间，即开着平台去从事其他活动。因此，移动学习的隐性逃课有可能与显性逃课交替进行，对学生来说，会导致学习效率更低。

2）移动学习中隐性逃课是对自控力的考验

课堂中隐性逃课，会因为教师与学生的互动，产生随机的控制管理。移动学习中教师不在现场，缺乏现场的互动环节，所以移动学习中的学生学习完全依靠于自控力。如果课程素材没有吸引力，一些学生就会出现走神或者瞌睡，而教师并不知道。课堂学习中学习有一定的溢出效应，特别是学习好的同学会制造一定的氛围，带动自控力较差的同学，而移动学习中没有集体气氛，所以学习更依赖于自控力。

3）移动学习中的隐性逃课难以实行惩戒机制

移动学习缺乏教师的现场管理，教师难以通过教育制度对学生的逃课行为进行惩罚；移动学习的考核依赖于线上的考试，容易导致学生的作弊、应付等，没有办法观察到学习过程的效果。另外，如果要对移动学习实施惩戒行为，其成本相对于课堂教学来讲要高得多，在技术上也比较复杂。所以，对于移动学习应该以激励为主。

4）移动学习中的隐性逃课主要来自社会的干扰

移动学习并不是集中学习，主要利用碎片化的时间进行学习，这样，学生面对手机等终端就难以避免地受到外界的干扰，特别是一些自制力较差的同学，更容易不自觉地脱离学习内容，出现隐性逃课。这与移动学习缺乏纯粹的学习空间有一定的关系。

7.6.2 移动学习中教师干预的主要方式

前面提到过，移动学习由于属于在线学习的性质，移动学习的惩罚机制难以实施，而且成本高。为了更好地推动移动学习，教师应该积极参与学生的学习过程，并采用激励的方式。对于移动学习，教师干预的方式主要有以下几种。

1）教师的角色干预

移动学习的社区往往有各种角色，作为教师不能维持过去的威权主义教学方式，而应该融入移动学习中，选择与学生较为亲密的角色。有的教师喜欢在课堂上炫耀知识，或者强化教师的家长制意识、喜欢以学习好的同学为榜样等，这些都容易让一开始处于学习成绩一般、自控力较差的学生产生厌恶感。在课堂教学中，面对教师的文化暴力，学生出于礼貌，并不会主动进行反驳。但是在匿名的移动社区中，可能有同学会提出不同的意见，并带头反对教师。还有的学生往往会采取不听课但是也不逃课的方式，采取如开小差或者干脆学习其他内容的方式，回避移动学习。因此教师最好扮演适当的社区角色，以一种较为平等的方式与学生进行互动，以自己的学识来带动学生的学习，赢得学生的尊重。角色干预还可以联系积分奖励，通过角色升级、权限奖励等方式，推动学生移动学习的积极性。

2）突出移动学习的故事性，做好移动学习的背景设计

移动学习中的隐性逃课主要是因为在线课程缺乏故事性，没有像课堂教学一样有教师的临场发挥，与现实结合的不够紧密，造成学生的兴趣迅速衰减。作为教师，应该在移动教学之外多加引导，通过社区、课外题目等形式，将在线课堂的问题进行"故事化"，引导学生通过一种类似"故事"去看待移动学习里的内容。

移动学习可以通过技术进行情境转换，传递教师的情绪带动等。教师可以经常与学生互动，通过知识的讲解、情绪的感染，调动学生课堂的积极性。这种社区内的情绪感染可以让学生增加移动学习的活跃性，使移动学习得到学生心理上的支持。

因此，在移动学习中设置学习的故事背景，采用学习的桌游化、学习的自组织化、故事的自我编辑性等，可以使学习的带入感更强，提高学生在移动学习中的自我参与性。

3）设定成长激励

成长激励是移动学习激励的主要的手段，成长激励可以有很多种形式，如积分激励，主要是通过积分激励学生学习，这样做的好处是细致地进行相互比较，坏处是积分的荣誉感不

强，难以让学生在后期进行感知；等级激励，这样做的好处是有荣誉感，让学生的感知性强，坏处是相互之间的比较差距细分不够，容易引发学生的不满；还有如合格激励，到达一定的线就有奖励，可以将移动学习与现实物质奖励联系起来，这样比较带动积极性，缺陷是经费上比较困难。

以上是移动学习为了克服学生的隐性逃课而设定的方法，这些方法可以分成两类：一类是在供给侧，强化移动学习教学内容的有趣性、故事性；一类是在需求侧，通过教师的角色渗透引导、成长奖励来激励学生参与移动学习。

7.6.3 移动学习中教师干预的主要特点

1）教师干预尽管不是防止隐性逃课的唯一影响因素，但是直接效应明显

移动学习中的隐性逃课是一种新的问题，目前研究不多，但是有一点是明确的，移动学习更加依赖于学生的自控能力。在这种情况下，教师的干预比不干预要好一些。对于学生来说，课堂学习由于有教师的现场监督，加上外部成绩的激励，应该是有效果的。但是在移动学习中，由于教师的非现场因素，外部的成绩激励效果也不大。为了让学生更好、更快地融入移动学习之中，作为教师，应该积极参与在线学习，以特定的角色与学生进行交流。同时教师也应该认识到，不同于课堂上的监督，移动学习需要教师的全时跟踪，对于教师的劳动量要求也大大提升了。

2）教师干预必须要注重方法

从数据的分析来看，教师干预的方法与隐性逃课之间是相关的，因此教师的干预不能像课堂教育那样简单直接。在移动学习中，任何批评都被记录在聊天记录里，所有人都有可能看到。同时，由于教师的不在场，误解更容易发生，因此教师应该注重自己在移动学习中的角色。另外，成长的激励比批评更有效果，合适的积分设置、荣誉设置，更能激发学生学习的自豪感。同时，教师应该注重课堂背景的设计，使得故事性更强，能够引起学生在学习中更多的兴趣。

3）作为新的教育空间，防止移动学习中的隐性逃课需要更多的探讨

首先是教育的方法问题。教师可以看作是学生移动学习焦虑的缓冲剂，是学生检验自己的学习能力、考验自己的自控能力的引导者。面对独自学习的移动空间，学生有可能会感到孤独与焦虑，从不敢发言到逐渐隐性逃课。教师在线的主动联系，对课堂气氛的适度干预，可以让学生树立信心，帮助学生适应新的移动学习环境，激发学生在移动学习环境中的学习兴趣，增强学生的学习信心。

其次是社会的参与问题。移动学习是教育的新空间，构成要素不同于课堂教学，有着复杂的社会和经济因素，比如弹窗干扰、密闭恐惧、界面的新颖性等，都可能引起学生的隐性逃课行为。

总之，作为教师，应该引导学生重视移动学习这一新生事物，积极探讨移动空间教学的规律，学习现代的教育技术，利用更多的软件技术提升自己的教育水平。积极利用所学的心理学知识，以情优教，防止学生的隐性逃课。同时，在移动空间内少用一些干预性的语言，积极参与学生与学生之间的联系，通过互动将学习知识的快乐引入移动学习中。

7.7 课堂治理与现代课堂文化的形成

随着网络对人们生活影响的逐步嵌入，微博、微信等碎片化的学习工具替代了传统的传播工具，知识获取的渠道逐渐网络化、碎片化；VR现实技术、自媒体时代的到来等，使得传统的价值观、文化的差序结构等正被逐步颠覆，作为文化的一分子，课堂文化同样面临转型。课堂，作为曾经神圣的文化殿堂逐渐回归大众化。这些冲击在高等教育领域尤其明显，学生的各种学习平台正逐渐代替传统的知识获取方式。这种冲击也使得高校教师普遍感到迷茫，不知道以前的教育方法、教育伦理观念如何发展、如何与现代生活接轨。

其实，从历史上看，文化的转型并不是新鲜事物，中国课堂文化已经经历了多次转型，课堂文化正是在逐步与现代生活的接轨中不断解放人性，突破获取知识的束缚，降低获取知识的成本。如今，青年必须更快捷地获取知识，降低知识获取的交易成本是现代生活发展的必然要求。因此，探讨新时期的课堂治理模式非常重要。

7.7.1 课堂治理与课堂文化的层次性

自从夸美纽斯提出了课堂教学的理念以来，课堂治理就随之产生，而课堂治理的土壤——课堂文化作为一种特殊的文化，既是整个社会文化的折射之地，又是整个文化的净化之地。

关于课堂文化的界定较多，吴康宁（1999）提出课堂文化实际上是一个一个由异文化组成的体系，突出了课堂文化的多元存在性。刘耀明（2003）认为课堂文化是以教学内容为中心，发生在课堂中的一系列包括规范、价值观、行为方式等的结合体，是一种以动态化为主的活动。杨虹、关文信（2012）则认为课堂文化也是一种场域，是教师、学生、教学内容、环境等形成的文化形态，是一种生态系统。上述观点基本都将课堂文化界定为一种文化形态，并且注意了它的聚合性，即课堂文化是多种文化的聚合体。本书从这个视角出发，认为课堂文化是以教学内容为核心，以多元化的文化融合为特色，以教师与学生为主体，以情感、物质条件为载体，以思维方式为表层特征，并将生活中的文化浓缩净化而成一种价值取向和行为动机的统一体。情感是课堂文化的黏合剂，而课堂离不开生活，是生活内容的净化存在形式。

按照这个定义，课堂文化可以分为表层形式与深层形式，表层是课堂文化的静态表现，如教师的情感引导、伦理与价值观、思维的形态，甚至包括对生存的哲学态度；而深层的形式则是文化形成的范式，它引导了课堂文化的动态演变，是一个民族文化整体变迁形式在课堂文化的折射。静态决定课堂文化以什么形式影响人们，引导人们对生活产生积极的思考；而范式决定了课堂文化静态最终的归宿形式，任何一种文化都离不开现代性的冲击，静态之所以不断被打破，也正是因为生产力发展、社会变迁所引致的现代性，不断改变文化的表层。而静态最终以什么形式沉淀下来，取决于文化形成的范式，范式是文化中动态演化的形式，是现代性冲击后推动新文化形成的路径。

7.7.2 教师在课堂治理中的作用

1）建立共识的师生关系

胡塞尔提出了主体间性，就是共识，也就是说人们对于事物的共同见识和判定，这种共识是双方交流的基础。胡塞尔认为，不存在我们对于外界事物的所谓"定势"，任何判断都是可变的，我们会通过体验达到意义，通过不断调整观察事物的视角，实现真实的、全方位的意义。课堂就像一个空间，无论老师还是学生，都在表达一种意义，同时又在调整，试图构造一种双方都接受的意义上的趋同。主体间性的理论描述了课堂文化的本质，在课堂上，师生作为交互主体，试图构建一种趋同意义的空间，每一个人都是意义的构建者，同时也是接受者。主体之间的关系一是师生之间的关系，一是学生之间的关系。一个成功的课堂应该是意义趋同的课堂，否则教师自说自话，学生则出现隐性逃课，也就是学生虽然在教室，但是思路并不在课堂上，课堂的治理也就失效了。

2）中国的课堂文化仍将是以教师为中心的威权主义课堂

在不同范式形成的文化中，教师通过情感传递意义的方式不同。

中国的课堂文化中没有对于神的崇拜，以及人神对话的机制。人们关注的是生存，而要理解生存，权威所起的作用是非常重要的，他代替了人们对神的敬畏，起着引领的作用。但是形成权威的方式应该更加具有现代性，现代性最重要的表现是课堂空间首先是一个文化空间，建设什么样的文化，取决于权威被接受的程度，也取决于情感的意义化程度，也就是情感将各种意义黏结的程度。现代教学中便利的搜索引擎以及微博等自媒体方式，让学生在学习渠道上有了非常大的增加。但是在中国课堂之中，从长期的趋势看，恢复教师的威信、重构课堂的秩序任重而道远。

3）情感黏性是控制型课堂文化的优势

前面已经论述，在中国课堂文化里，情感是一种不可替代的文化黏结剂，是一种较为复杂、稳定的生理评价以及体验，是客观事物对自己满足度的一种感受和体验。情感从意向上包括价值感和道德感，前者表达自己的意义，后者是对外在意义的接受。一种作为文本意义的课堂是枯燥的，只是在做简单的知识表达，只有知识的课堂很难达成趋同的意义空间。作为教师，必须充分利用情感因素，将自己对事物的意义内化到学生中去，发挥情感在课堂文化中的黏性，将教师与学生以及学生之间黏起来。情感的黏结对象是在课堂这个公共空间里的主体意义，教师对学生的热爱、对知识的自信、对社会前途的乐观，都会引导学生判断事物的意义。课堂是一种群体文化，是平时积累的沉淀，C·恩伯（Carol Ember）以及M·恩伯（Melvin Ember）（1998）曾经指出，单独某个人在想某个问题，或者其做某件事，这个行为只能是个人的习惯，不是一种文化模式。一种被认为是文化的思想和行为，必须是被一处居民或一群人所共同享有；或者大多数人认为合理，即使不共同享有，也可以被视为文化的观念和行为。课堂文化必须有师生的互动，单独的教师意义表达成不了课堂文化。

7.7.3 现代课堂治理的教师素养要求

《大学英语教学指南》（2020版）首次明确了大学英语教师素养的构成，即育人素养、学科素养、教学素养、科研素养和信息素养，要求大学英语教师"主动适应高等教育发展的新形势，主动适应大学英语教学的新要求，主动适应信息化环境下大学英语教学发展的需要，不断提高自身的育人素养、学科素养、教学素养、科研素养和信息素养"。并建议各高校采取"分类管理和分类评价办法，充分考虑大学英语教师的职业特点，建立科学合理的教师考核、晋升与奖励制度，对从事大学英语教学的教师实行必要的政策倾斜，激发大学英语教师的活力和工作热情"。

大学英语教师自身应积极识变、应变、求变，不断提升综合素养。育人者必先育己，立己者方能立人。作为教师，应该"经营"好三尺讲台，发挥自己的优势，逐步建立起有特色的课堂文化，以课堂文化确立教师的职业位置。

7.7.4 结论

中国文化形成的范式决定了中国的课堂文化必将回归秩序格局，那种绝对地认为当前的文化已经多平台化，中国课堂就应该西方化的说法是站不住脚的。中国的课堂治理依然是有效的。但是，中国课堂文化的秩序格局回归并不是说传统的做法依然可行，中国的课堂文化必将迈入现代性，传统的伦理压制体系必须被抛弃。面对网络时代的挑战，教师必须提高自身素养，重建课堂文化，将主体的意义统一起来，形成新的秩序。

结束语

中国社会经济和科学技术的迅猛发展，为多媒体辅助大学英语教学奠定了坚实的技术基础，教学方法、教学模式的改变提高了教学效率、开阔了学生视野。本书作者通过教学实践和文献阅读发现，在多媒体辅助大学英语教学过程中，教师对学生的情感过滤状态影响有着比传统教学更加紧密的联系。本研究通过问卷、访谈、实证研究，试图调查"互联网+"时代背景下，大学英语教师在哪些方面对学生情感产生影响，以及对不同年级学生影响的差异，提出相应的对策，从而更好地实现多媒体时代的大学英语情感教学。大学英语教学新模式背景下，面对机器与网络本身的无情感状态，教师与学生间的情感互动就变得更加重要。

新时代背景下，大学英语教师应努力提升教育教学综合能力，树立终身学习的理念，学习有关大学英语教学及改革的各种精神，深刻理解并实施各项改革要求；扩充英语语言专业、外语教学理论、教育学、心理学、网络多媒体等领域的知识；加强提升言语表达能力、英语实践能力、多媒体操作能力、与学生的沟通能力、科研能力及调控能力等，从而提高各项教育教学能力，把积极情感因素渗透到多媒体辅助教学模式中，只有这样才能充分发挥现代教育技术对英语学习的促进作用。

　　本研究参与问卷和访谈的学生人数众多，但都来自同一所大学，"互联网+"时代的大学英语情感教学是一个全新的研究领域，值得更多的实证和理论研究，未来的研究会尽可能增加更多大学的样本，为大学英语课堂教学提供有益的参考。

参考文献

［1］周文霞，郭桂萍. 自我效能感：概念、理论和应用［J］. 中国人民大学学报，2006（01）：91-97.

［2］卢家楣. 课堂教学的情感目标分类［J］. 心理科学，2006（06）：1291-1295.

［3］黄洁，李娟，王丽娟. 情感教育理论研究报告及行动计划［J］. 陕西教育（高教），2017（012）：11-12.

［4］马多秀. 情感教育研究的回顾与展望［J］. 教育研究，2017（01）：52-61.

［5］何莲珍. 新时代大学英语教学的新要求——《大学英语教学指南》修订依据与要点［J］. 外语界，2020（04）：13-18.

［6］李荣飞. 论教育心理学理论对英语教学及师生互动的重要性——以人本主义心理学派为例［J］. 佳木斯职业学院学报，2018（004）：251.

［7］张庆宗，吴喜艳. 人本主义学习理论与多媒体外语教学［J］. 外语电化教学，2003（002）：41-46.

［8］赵东. 大学英语课堂恶性沉默的隐性因素与人本主义教学［J］. 湖北科技学院学报，2010，30（011）：108-109.

［9］许辉.基于人本主义理论的大学英语分层教学实践探索［J］.
教育评论，2018，231（09）：127-131.

［10］张瑞雪.基于人本主义和信息技术的大学英语个性化教
学研究［J］.校园英语，2020（33）：4-6.

［11］郭玮.基于人本主义教育理论的大学英语通识课程构建［J］.
河北北方学院学报（社会科学版），2020，36（06）：
111-114.

［12］刘拴.情感教学策略在大学英语学习中的运用及效果［J］.
教育与职业，2014（20）：150-151.

［13］刘妍.移动互联网视域下大学英语教学策略探究［J］.
牡丹江大学学报，2017（9）.

［14］彭薇.大学英语教学中情感教学应用策略研究［J］.吉
首大学学报（社会科学版），2018，39（S1）：199-
201.

［15］陈艳华.克拉申的输入及情感过滤假设的认知分析［J］.
湖南社会科学，2011（003）：183-185.

［16］张丹.“输入假说”和“情感过滤假说”理论对大学英语
分级教学的启示［J］.湖北经济学院学报（人文社会科
学版），2013，10（06）：185-186.

［17］王凤.从人本主义教育观看大学英语写作教学中的情感
教学［J］.重庆理工大学学报，2006，20（7）：183-
186.

［18］王西娅.情感因素对大学英语教学的影响［J］.外语教
学，2012，000（006）：67-70.

［19］薛福平，薛艳芳. 英语全球化、本土化对中国英语教学的影响［J］. 教学与管理，2010（11）：98-99.

［20］张琳. 提高高中信息技术教学实效性的对策和措施［J］. 考试周刊，2018，（002）：132-132.

［21］林立达，马莉婷. 基于教师职业生命周期理论的高校教师专业发展路径思考［J］. 武夷学院学报，2018，037（008）：83-88.

［22］于海静. 大学英语教学中导入中国文化的必要性和策略［J］. 科教文汇，2017（11）：153-154.

［23］吴岩. 新使命大格局新文科大外语［J］. 外语教育研究前沿，2019，2（02）：3-7.